Hans Stolp

Rudolf Steiner und Johannes

Hans Stolp

Rudolf Steiner und Johannes

Einblicke in das mystische Christentum

übersetzt von Andrea Fischer

Aquamarin Verlag

Impressum

Originaltitel: *Rudolf Steiner en Johannes– Twee gezworen vrienden*

1. Auflage 2024

Voglherd 1 • D-85567 Grafing
www.aquamarin-verlag.de

Übersetzung aus dem Holländischen: Andrea Fischer

Druck: CPI · Birkach
ISBN: 978-3-89427-944-8

Inhalt

Einführung

Mit den Augen von Johannes

Rudolf Steiner, der Begründer der Anthroposophie und des esoterischen Christentums in seiner heutigen Form, hatte in seinem Leben eine tiefe Verbindung zu Johannes dem besonderen Jünger Jesu Christi, bekannt als der Evangelist und Seher von Patmos[1], entwickelt. Je mehr ich mich in Rudolf Steiners Lebensweg und in sein Werk vertieft habe, desto mehr habe ich dies erkannt.

So verdankte er die wichtigste Erfahrung seines Lebens, seine Einweihung in die Mysterien Christi bzw. seine Begegnung mit dem Christus, der Tatsache, dass er (im Geiste) mit den Augen von Johannes sehen durfte. Dabei durfte er sehen, was dieser im entscheidendsten Moment seines Lebens am Fuße des Kreuzes erlebt und wahrgenommen hatte.

Dieses Schlüsselerlebnis hatte Rudolf Steiner im September 1900, als er 39 Jahre alt war.[2] Da wurde ihm die Fähigkeit gegeben zu sehen, was Johannes vor 2000 Jahren am Fuße des Kreuzes auf dem Hügel Golgatha bei der Kreuzigung und dem Tod seines geliebten Meisters Jesus Christus erlebt hatte.

Indem Rudolf Steiner quasi durch dic Augen von Johannes schauen durfte, befand er sich, wie er es selbst formulierte, »in innerster ernstester Erkenntnis-Feier vor dem Mysterium von Golgatha«.[3]

Der Zeiten Wende

Durch dieses großartige, einschneidende Erlebnis seines Lebens begann Rudolf Steiner zu verstehen, dass der Tod und die Auferstehung Jesu Christi »der Zeiten Wende« war, wie er dieses Ereignis später so oft nannte – der alles entscheidende Wendepunkt in der Evolution der Menschheit.

Johannes hat seine Erfahrungen am Fuße des Kreuzes und die daraus gewonnenen Erkenntnisse vor fast 2000 Jahren in seinem Evangelium beschrieben. Dieses Evangelium wurde auch als das spirituellste und wichtigste Buch der gesamten Menschheitsgeschichte bezeichnet. Jeder, der sich wirklich darin vertieft, wird verstehen, warum. Vor allem die Einleitung zu diesem Buch, der Prolog, hat im Laufe der Jahrhunderte viele Menschen berührt. Sein Text erhebt unsere Seele in eine höhere Sphäre und verbindet uns mit der geistigen Welt. Daher wird dieser Text nicht nur Menschen, die im Sterben liegen, vorgelesen, sondern auch den Verstorbenen zu Beginn ihrer Reise durch die geistige Welt mitgegeben.

Leider ist das Evangelium dem modernen Menschen nicht mehr so zugänglich, weil Johannes es in der Bildersprache geschrieben hat und nicht in der logischen Sprache von heute. Aber glücklicherweise konnte Rudolf Steiner – auch dank seiner wachsenden Verbindung zu Johannes – diese Bildersprache entschlüsseln. Was er auf diese Weise aufgefangen hat, konnte er seinen Zuhörern und Lesern in der klaren, logischen Sprache von heute vermitteln. Das ist sein Geschenk an uns.[4]

Die Visionen des Johannes

Später folgte ein weiterer Schritt in ihrer stetig wachsenden Verbindung – als Rudolf Steiner ebenfalls einen tiefgehenden Zugang zu den Visionen erhielt, die Johannes auf der griechischen Insel

Patmos erlebte. Diese Visionen empfing Johannes, als er bereits über 90 Jahre alt war und von römischen Soldaten in einer Höhle gefangen gehalten wurde. Er diktierte diese Erscheinungen seinem jungen Schüler Prochoros. Sie wurden letztendlich in der Bibel unter dem Titel »Die Offenbarung des Johannes« aufgenommen.

Nicht zuletzt durch das Verständnis der Bedeutung dieser Visionen gewann Rudolf Steiner tiefe Einsicht in den neuen Weg, den die Menschheit seit der Zeitenwende gegangen ist und gehen wird. Denn eingebettet in die Bildsprache dieser Visionen ist das Wissen um die sieben Inkarnationen der Erde und ihre verschiedenen Epochen, die der Mensch in seiner Entwicklung durchläuft – Leben für Leben. Auch dieses Wissen hat Rudolf Steiner in logischer und verständlicher Weise an uns weitergegeben. So hat sich Rudolf Steiner noch enger mit Johannes verbunden.[5]

Johannes und Rudolf Steiner hatten beide die Aufgabe, das eigentliche spirituelle bzw. esoterische Christentum an die Menschheit weiterzugeben. Um dies für unsere Zeit möglich zu machen, musste Rudolf Steiner die Menschen dazu bewegen, hinter die Fassaden der Ereignisse zu blicken. Wir, die Menschen, müssen nicht nur lernen zu verstehen, warum uns alle möglichen Ereignisse widerfahren (auch die in unserem Privatleben), sondern wir müssen auch lernen, unser persönliches Innenleben (wie etwa unsere Gefühle, Triebe, Ängste und Wünsche) zu begreifen und zu durchschauen. Nur mithilfe dieser Betrachtungsweise können wir uns unserer Lebensaufgabe, unseres Karmas und unserer früheren Leben bewusst werden.

So können wir uns auch des Christus-Mysteriums bewusst werden und besser verstehen, wer wir selbst wirklich sind. Dies sind nur ein paar dahingeschriebene Worte als Umschreibung für die großen Geheimnisse, die verständlich werden, sobald wir gelernt haben, hinter die Dinge zu blicken.

Um diese »Sicht hinter die Kulissen« zu ermöglichen, zeigten sowohl Johannes als auch Rudolf Steiner den Menschen auf, wie sie seit »der Zeiten Wende« einen völlig neuen Entwicklungsweg eingeschlagen haben. Johannes beschrieb diesen Weg in Bildern, Rudolf Steiner in der klaren, logischen Sprache von heute. Mit anderen Worten: Die Erkenntnisse, die Johannes in Bildern beschrieb, und die zu seiner Zeit nur von Eingeweihten erfasst wurden, hat Rudolf Steiner viele Jahrhunderte später in verständlicher Weise öffentlich ans Licht gebracht, sodass jeder, der das möchte, sich heute mit ihnen verbinden kann.

Johannes musste diese Erkenntnisse jedoch in Metaphern beschreiben, weil die Menschen zu jener Zeit noch nicht so klar und logisch denken konnten wie heute. Damals waren die Menschen noch mit der Bildersprache vertraut. Deshalb braucht es das Werk Rudolf Steiners, damit die großen, wegweisenden Erkenntnisse des Johannes nicht verloren gehen, sondern dem modernen Menschen heute (wieder) zugänglich werden.

Zwei große Meister

Johannes und Rudolf Steiner gehören zu der kleinen Gruppe von großen Meistern, die regelmäßig von der geistigen Welt auf die Erde gesandt werden, um uns Menschen auf unserem Weg des geistigen Wachstums und der Weiterentwicklung zu unterstützen und zu inspirieren. Ohne die Hilfe dieser Meister würden wir nichts vom Leben auf der Erde, von der Aufgabe, die wir zu erfüllen haben und von dem neuen Entwicklungsweg, den wir einschlagen dürfen, verstehen. Wir würden – um nur einige Beispiele zu nennen – weder die Geheimnisse von Karma und Reinkarnation erfassen noch die Unterschiede zwischen dem alten und dem neuen Einweihungsweg, noch die ehrfurchtgebietenden Mysterien Christi.

Dies verdanken wir Rudolf Steiner, der diese Geheimnisse für die Denkweise des heutigen Menschen verständlich und nachvollziehbar macht. Dank dieser Einblicke können wir jetzt den modernen

Einweihungsweg einschlagen – zumindest, wenn wir uns bewusst dafür entscheiden. Dank des Wissens, das Rudolf Steiner uns bietet, können wir lernen, hinter die Dinge zu blicken, und dank seines Wirkens werden wir entdecken, wer wir wirklich sind und warum wir auf der Erde leben. Die Entscheidung, nach diesen Einsichten zu suchen, bedeutet, dass wir lernen, den modernen Einweihungsweg Schritt für Schritt zu gehen.

Wenn wir lernen, diesen Weg zu beschreiten, und wenn wir dies mit wachsender Einsicht, mit Liebe und mit Freude tun, werden sich uns die großen Geheimnisse des Lebens Schritt für Schritt enthüllen. Möge dieses Buch Ihnen dabei eine Hilfe sein.

1.

Drei besondere Begegnungen

Drei inspirierende Menschen

Mit zunehmendem Alter blickt man naturgemäß etwas häufiger auf das Leben zurück, das bereits hinter einem liegt. Auch mir wurde dabei zusehends bewusster, wie viel ich drei außergewöhnlichen und einzigartigen Menschen zu verdanken habe. Keinem von ihnen bin ich jemals persönlich begegnet. Alle sind verstorben, einer schon vor langer Zeit, die beiden anderen später. In meinem Haus hängt von jedem ein Bild: von zweien je ein großes Foto und von dem dritten eine große Ikone. Das wurde mir erst bewusst, als ich anfing, über die besondere Rolle nachzudenken, die jeder von ihnen in meinem Leben spielt. Die drei so besonderen Menschen, die ich meine, sind – in dieser chronologischen Reihenfolge – Carl Gustav Jung, Johannes der Evangelist und Rudolf Steiner.

Es begann in meiner Studentenzeit mit Carl Gustav Jung. Später wuchs meine Verbindung zu Johannes dem Evangelisten, und als ich schon die Mitte meines Lebens überschritten und bereits »Abraham gesehen« hatte, begegnete mir Rudolf Steiner.

Es sei mir erlaubt, kurz zu erzählen, wie diese drei Begegnungen zustande kamen; denn ohne sie hätte ich dieses Buch niemals schreiben können. Und vor allem: Ohne sie hätte ich niemals die Erkenntnisse gewonnen, die mich so bereichert haben, und über die ich in diesem Buch berichten möchte.

Carl Gustav Jung

Während meiner Studentenzeit interessierte ich mich zunehmend für die Bedeutung meiner Träume. Schon als Kind hatte ich immer viel geträumt, und einige dieser Träume waren so eindringlich gewesen, dass ich sie heute noch bis ins Detail wiedergeben kann. Aber was sie bedeuteten, das wusste ich nicht. Doch bereits als Kind hatte ich das Gefühl, dass sie mir etwas sagen wollten. Aber was? Verständlich also, dass später der innere Drang, irgendwie jemanden zu finden, der mich lehren konnte, meine Träume zu verstehen und mich in die Traumsymbolik einweihen konnte, stärker wurde.

Irgendwann las ich dann einen Artikel über den Schweizer Psychiater Carl Gustav Jung. Ihm wird nachgesagt, dass er große Einblicke in die Symbolik der Träume gewonnen und in seinen Büchern erläutert habe, wie man sie deuten könne. Von da an habe ich mich der Lektüre seiner Bücher gewidmet, zunächst allein, später auch in einer Studiengruppe. Von ihm habe ich ein großes Wissen über die Symbolik erworben, insbesondere über die Traumsymbolik.[6] Noch immer schöpfe ich aus diesem erworbenen Wissen, denn es ermöglicht mir, nicht nur meine Träume zu verstehen, sondern auch die Bilder, die ein Mensch manchmal an der Schwelle zwischen Wachsein und Schlafen empfängt. Diese Träume und Bilder sind es, die mir helfen, meinen Lebensweg und meine Lebensmission zu erkennen. Kurzum: C. G. Jung hat mir mit seinen Erkenntnissen ein großes Geschenk gemacht.

Das Wissen um die Symbolik kam mir auch beim Studieren und Nachsinnen über Bibeltexte zugute, schließlich bin ich ja Pfarrer. Und wie sehr habe ich von dem profitiert, was ich von Jung gelernt habe. Denn mir wurde mit der Zeit klarer, dass man viele Bibeltexte nicht wörtlich nehmen darf, sondern symbolisch deuten muss. Nehmen wir beispielsweise die biblische Geschichte vom Propheten Jona, der von einem Wal verschluckt, aber nach drei Tagen und drei Nächten wieder ausgespuckt wurde. Mir ist es – wie so vielen Zeitgenossen – nicht gelungen, diese Geschichte wörtlich zu nehmen. Aber wie hätte man sie denn sonst verstehen sollen? Beispielsweise etwa als eine Erfahrung, die viele Menschen in ihrem Leben machen, nämlich dass sie infolge von dunklen Erfahrungen und Ereignissen die Kontrolle über ihr Leben verlieren und von der Finsternis heruntergezogen werden. Dass sie dann jedoch nach einer Weile (»drei Tage« soll bedeuten, wenn sie die Finsternis vollständig durchschritten haben) wieder zu sich kommen und die Kontrolle über ihr Leben zurückgewinnen, nun aber als ein anderer, an Weisheit gereifter Mensch. So habe ich gelernt, verschiedene – für mich bis dahin unverständliche – Bibeltexte symbolisch zu verstehen und zu deuten.

Durch mein Studium der Bücher von C. G. Jung entwickelte ich allmählich eine Bindung zu ihm. Er fühlte sich für mich wie ein vertrauter, weiser, älterer Freund an. Deshalb fand ich es auch gar nicht befremdlich, dass er mir später von Zeit zu Zeit in meinen Träumen erschien. Von ihm ging eine große Wärme und Herzlichkeit aus, und ich spürte, wie er mich ermutigte und inspirierte.

Bis zum heutigen Tag bin ich ihm dankbar. Er hat mir nicht nur Einblick in meine Träume gewährt, sondern mir auch eine bestimmte Sichtweise auf das Leben vermittelt. Ich lernte von ihm, hinter die Dinge zu blicken, auf das, was sich dahinter verbirgt – hinter das Äußere eines Menschen, aber auch hinter alle möglichen Ereignisse, die passieren. Später, als ich das Werk Rudolf Steiners entdeckte, fiel es mir dank dieser Betrachtungsweise leicht, mich mit ihm zu verbinden.

Johannes, der Evangelist und Seher

Später trat Johannes in mein Leben – der besondere Apostel Jesu Christi, der als Evangelist und »Seher von Patmos« bezeichnet wird.[7] Schließlich sind beide, der Evangelist und der Gefangene auf Patmos, ein und derselbe, das erfuhr ich später von Rudolf Steiner.[8] Und was er darüber erzählt hat, hat mich überzeugt.

Meine erste tiefgreifende Begegnung mit Johannes fand auf der kleinen griechischen Insel Patmos statt. Ich war 1975 in den Ferien nach Griechenland gereist und hatte dabei auch die Insel besucht, auf der Johannes gefangen gehalten worden war und wo er die Visionen empfangen hatte, die als letzte Schrift in die Bibel eingegangen sind: die Offenbarung des Johannes.

Auf dem Gipfel des Berges auf Patmos steht ein Kloster, das Johannes geweiht ist. Wenn man durch das Tor des Klosters eintritt, gelangt man in eine Art Innenhof. Auf der linken Seite befindet sich der Eingang zur Kirche. In ihrer Vorhalle hängt eine große Ikone von Johannes. Davor steht ein schmales Bänklein für diejenigen, die meditieren oder beten möchten. Als ich auf diesem Bänklein Johannes auf der Ikone Auge in Auge gegenübersaß, fing ich spontan ein Gespräch mit ihm an. Ich begann, ihm im Stillen von meinem Leben zu erzählen. Und ich erhielt einfach so eine Antwort. Das Merkwürdige daran war, dass ich es überhaupt nicht abwegig fand, dass ich eine Antwort bekam – es passierte einfach. Erst als ich später darüber nachdachte, wurde mir klar, dass das nicht gerade »normal« war. Seitdem bin ich viele Male nach Patmos gereist, viele Jahre mit dem Rucksack, später dann auf bequemere Weise, und immer wieder bin ich dort mit Johannes ins Gespräch gekommen. Heute muss ich nicht mehr nach Patmos reisen, um die Verbindung mit Johannes zu erfahren: Er lebt in meinem Herzen, und ich in seinem.

Natürlich wollte ich danach mehr über Johannes wissen: Wer war dieser geheimnisvolle Jünger Jesu Christi, der es immer wieder schaffte, mich bis ins Innerste meines Herzens zu berühren? Ich habe viel über ihn gelesen, doch erst, als ich später das Werk Rudolf Steiners entdeckte, begann ich zu begreifen, wer dieser besondere Mann war: ein bedeutender Meister des esoterischen Christentums, der inzwischen schon wieder viele Male auf die Erde zurückgekehrt ist, um uns zu helfen, zum Beispiel in Person von Christian Rosenkreutz.

Was mich aber bei Johannes bis heute am tiefsten berührt, ist die strahlende Liebe bzw. die Liebeskraft, die von ihm ausgeht und die auch heute noch spürbar ist. Eine ehrfürchtige Liebe, die ich auch erfuhr, als ich vor seiner Ikone saß. Deshalb wird er auch als »Apostel der Liebe« bezeichnet. Denn die Liebe ist, so sagt er immer wieder in allen Tonlagen, die wichtigste Kraft auf Erden, die letztlich alle Finsternis überwinden wird.

Am Ende seines Lebens, mit fast 100 Jahren, war er nicht mehr imstande, während des sonntäglichen Gottesdienstes von Christus zu erzählen, wie er es immer so gerne getan hatte. Leider besaß er nicht mehr die körperliche Kraft dazu. Was er aber noch sagen konnte, war (beim Eintreten) Folgendes: »Kinder, liebet einander.« Diese wenigen Worte waren für die Anwesenden der Höhepunkt der Feier. Von diesen Worten ging eine besondere Kraft und ein Impuls aus, der sie bis ins tiefste Innere ihrer Seele berührte. Emil Bock beschreibt es folgendermaßen: »Die wenigen, immer gleichen Worte, die er jedes Mal an die Gemeinde richtete: ›Kinder, liebet einander‹, hatten in der Seele eines jeden unendlich viel mehr bewegt, als es selbst die leidenschaftlichste Predigt hätte bewirken können.«[9] Das ist Johannes – der Meister der Liebe.

Rudolf Steiner

Die dritte besondere Person, zu der ich im Laufe meines Lebens eine innige Bindung aufgebaut habe, war Rudolf Steiner. 1994 entdeckte ich auf einem Sonntagsflohmarkt vier seiner Bücher. Jeder dieser vier Bände war einem der vier Evangelien gewidmet. Kaum war ich zu Hause angekommen, begann ich natürlich sofort mit der Lektüre des Buches, das sich mit dem Johannes-Evangelium beschäftigte.[10] Was ich da las, berührte mich zutiefst – ich las ohne Unterbrechung bis tief in die Nacht hinein. Endlich, so spürte ich, konnte ich verstehen, was Johannes uns mit seinem Evangelium sagen wollte. So sehr ich auch die Welt der Theologen durchforstet hatte – ich hatte nie ein Buch gefunden, das mir half, das Johannes-Evangelium wirklich umfassend zu begreifen. Doch jetzt hatte mich dieser Text von der ersten Seite an ergriffen, und ich spürte: »Das ist die Antwort, nach der ich so lange gesucht habe.«

Von da an habe ich die Bücher von Rudolf Steiner weitergelesen und tue es noch immer. Seine Bücher haben mein Leben verändert. Dafür bin ich dankbar. Ich bedaure zwar, dass ich den Weg zu Rudolf Steiner verhältnismäßig spät gefunden habe. Doch andererseits ist es so, dass ich mir schon vorher in Eigeninitiative Wissen um Karma und Reinkarnation angeeignet hatte, dass mir die Engelwelt durch hellsichtige Erfahrungen vertraut war, und ich durch die Begegnung mit Christus dessen wegweisende Bedeutung immer mehr erkannt habe. Nun aber gewann ich dank Rudolf Steiner in all diesen Bereichen weitere Erkenntnisse. Das Wichtigste für mich war, dass ich nicht nur das Johannes-Evangelium, sondern auch meine eigenen hellsichtigen Erfahrungen verstehen lernte. Und das ist es, was wir Menschen in der heutigen Zeit und in unserer jetzigen Inkarnation brauchen: Wir können nicht mehr der Autorität und dem Geheiß eines anderen glauben, sondern wollen selbst von innen heraus verstehen, was das Geheimnis des Lebens ist, und welche Lebensmission wir haben.

Rudolf Steiners Werk hat mir auch einen neuen Einblick in die Bibeltexte geschenkt. Auf verschiedenste biblische Geschichten und Aussprüche von Jesus Christus wirft er ein völlig neues Licht. Nehmen wir doch als Beispiel noch einmal die Geschichte vom Propheten Jona. Ich hatte von Jung gelernt, diese Geschichte symbolisch zu deuten. Doch Rudolf Steiner hat mich zu der Erkenntnis geführt, dass die Geschichte von Jona, der von einem Wal verschluckt und nach drei Tagen wieder ausgespuckt wird, eigentlich der Bericht einer Initiation ist und damit auf bestimmten realen Fakten beruht. Es ist die Geschichte eines Mannes, der den Weg der Einweihung beschritten hat, der dabei geistig Schritt für Schritt gewachsen ist und deshalb eine richtungsweisende Einweihungsprüfung ablegen darf.

Bei dieser Prüfung wurden seine Seele und sein Geist durch die Priester von seinem physischen Leib losgelöst, und er konnte daraufhin in die geistige Welt eintreten. Dort machte er eine Reise von drei Tagen und drei Nächten, so wie Jona drei Tage und drei Nächte im Bauch des Wals zubrachte. Während dieser Zeit stieg er durch niedere, bedrohliche Welten in die Welt des göttlichen Lichts auf. Dort begegnete er schließlich dem höchsten Lichtwesen – und zwar dem Wesen, das wir auf Erden den Christus nennen. Nach dieser Begegnung, die die Erfüllung und Vollendung seiner Himmelsreise war, wurde er von den Priestern in seinen physischen Körper zurückgerufen. Doch durch seine Einweihung war er ein anderer Mensch geworden: ein Wissender, ein Eingeweihter.

Solche Einweihungsrituale waren absolut geheim. Auf die Verletzung dieser Regel stand die Todesstrafe. Daher blieben diese Mysterien, wie die Einweihungsriten bis heute oft genannt werden, den meisten Menschen verborgen. Selbst in der Theologie wird kaum oder gar nicht darüber gesprochen, obwohl diese Rituale im Kontext so vieler biblischer Texte eine wichtige Rolle spielen.

So bin ich dank Rudolf Steiner beim Verständnis der Bibeltexte einen Schritt weitergekommen. Während ich von C. G. Jung erfuhr, sie symbolisch zu deuten, lernte ich von Rudolf Steiner, dass konkrete, historische Fakten und Ereignisse wie die Mysterien im Hintergrund eine Rolle spielten, die jedoch symbolisch umschrieben wurden. So scheinen viele weitere Bibeltexte auf Fakten und konkreten Ereignissen zu beruhen, die jedoch nur symbolisch angedeutet wurden. Dies geschah einfach deshalb, weil die Mysterien geheim waren und sehr lange verborgen bleiben mussten. Rudolf Steiner hatte, wie wir später sehen werden, sogar noch zu seiner Zeit mit der Frage zu kämpfen, ob es ihm erlaubt sei, öffentlich über diese Mysterien zu sprechen!

Eine stetig wachsende Verbindung

Je mehr ich mich in Rudolf Steiners Werk vertiefte, desto mehr stellte ich fest, dass Johannes für ihn sehr wichtig war. Sein öffentliches Auftreten als esoterischer Lehrer begann, kurz nachdem er im September 1900 die Ereignisse auf Golgatha rund um den Tod von Jesus Christus mit den Augen des Johannes sehen durfte. In seinem letzten Vortrag am 28. September 1924 war er dabei, ein großes Geheimnis aus dem Leben des Johannes zu beschreiben, doch leider musste er diesen Vortrag aus gesundheitlichen Gründen abbrechen. Sechs Monate später – am 30. März 1925 – verstarb er, unfähig, den abgebrochenen Vortrag zu einem späteren Zeitpunkt noch zu Ende zu bringen.

Daher ist es Teil der Aufgabe, die er uns hinterlassen hat, ein Verständnis für dieses Geheimnis von Johannes zu entwickeln (worauf ich später noch näher eingehen werde). Rudolf Steiner verstarb 1925, also vor fast hundert Jahren. Sind wir ein Jahrhundert später imstande, dieses Geheimnis von Johannes zu ergründen? Und sind wir imstande, die Mission, die dieses Geheimnis beinhaltet, innerlich anzunehmen?

2.

Auf den Punkt gebracht

Die vielen Impulse, die von Rudolf Steiner ausgingen

Rudolf Steiner wird der große Meister der Neuzeit genannt. Immer mehr Menschen entdecken, warum das so ist. Nehmen wir beispielsweise seine Vision von der Landwirtschaft. Dank der Erkenntnisse und Hinweise, die er 1924 in seinen inzwischen berühmt gewordenen Vorträgen in Koberwitz (Polen) vermittelte, entstand die biologisch-dynamische Landwirtschaft.[11] Diese Vorträge werden deshalb auch als »die Geburtsstunde der biologisch-dynamischen Landwirtschaft« bezeichnet. Gerade diese Form der Landwirtschaft wird immer öfter als Musterbeispiel dafür betrachtet, wie die notwendige Agrarwende in unserer Zeit zu vollziehen ist.

Auch in anderen Bereichen hat Rudolf Steiner entscheidende Impulse für eine notwendige Erneuerung und Transformation gesetzt. Nehmen wir beispielsweise das esoterische Christentum. Während die Kirchen rapide ihren Großteil an Mitgliedern verloren haben und in der Gesellschaft nur noch eine marginale Rolle spielen, beginnt das esoterische Christentum (sprich: das ursprüngliche, geheime Christentum, das in unserer heutigen Zeit mehr und mehr in die Öffentlichkeit tritt), immer mehr Menschen zu begeistern. Rudolf Steiner hat durch seine vielen Vorträge auf diesem Gebiet diese über Jahrhunderte geheim gehaltene spirituelle Vision des Christentums in die Öffentlichkeit getragen und sie – durch seine klare

Beschreibung dieser Geheimnisse – jedem zugänglich gemacht, der sich damit verbinden möchte.

Auch seine Vision von der Heilkunde führte zur Entstehung einer neuen Form der Heilkunst: der anthroposophischen bzw. ganzheitlichen Heilkunde. Diese bezieht den ganzen Menschen mit ein – und betrachtet nicht nur seinen Körper, sondern auch seine Seele und seinen Geist. Es handelt sich um eine komplementäre oder ergänzende Heilweise, die dem Patienten das Gefühl gibt, dass er auch tatsächlich so gesehen wird, wie er ist, und nicht nur als bloßer physischer Körper betrachtet wird.

Dies sind nur einige Beispiele für die Entwicklungen, die Rudolf Steiner in seinem relativ kurzen Leben – er wurde nur 64 Jahre alt – ins Rollen gebracht hat. Im Laufe dieses Buches werden wir auf weitere Bereiche stoßen, in welchen die Impulse, die von Rudolf Steiner ausgingen, ihren Niederschlag gefunden haben. Man denke nur an die von Rudolf Steiner eingeführten freien Waldorfschulen, die Eurythmie, die Erkenntnisse über das Karma und die Gründung der Christengemeinschaft, und es wird deutlich, wie unvorstellbar viel in kurzer Zeit von ihm ausgegangen ist.

Seine eigentliche Zeit ist noch nicht gekommen

Diese vielen Impulse sind umso bemerkenswerter, wenn man bedenkt, dass Rudolf Steiner erst im Jahre 1900 begann, als esoterischer Lehrer zu wirken und Vorträge und Kurse zu halten. Er wurde 1861 geboren und verstarb 1925. Das bedeutet, dass er nur etwa 25 Jahre lang als Lehrer und Meister tätig war und in diesem Vierteljahrhundert die vielen Anregungen gab, die noch heute weltweit Beachtung finden und zur Erneuerung der Gesellschaft führen. Es ist beispielsweise bemerkenswert, dass die Waldorfschul-Bewegung heute in China einen beachtlichen Zuwachs erfährt.

Ich persönlich denke, dass seine eigentliche Zeit erst noch kommen wird – die Zeit, in der sich immer mehr Menschen mit einem der Arbeitsbereiche, in welchen er tätig war, verbinden werden. Viele von ihnen werden sich infolgedessen dann ganz von selbst der besonderen Bedeutung Rudolf Steiners bewusst werden.

Jahre zunehmender Prüfungen

Die Jahre vor der Jahrhundertwende im Jahr 1900 dürfen wir in Rudolf Steiners Leben als die Jahre der Vorbereitung sehen – und damit als Jahre, in welchen die geistige Welt ihn Schritt für Schritt auf die große Aufgabe vorbereitet hat, die ihn erwartete. Verständlicherweise ist dem viel vorausgegangen, bevor er der große Meister wurde, als den wir ihn heute vor allem kennen. Schließlich war er nicht schon von Geburt an Meister. Er konnte dies nur werden, indem er die vielen Prüfungen durchlief, die er auf seinem Lebensweg meistern musste. Ein Lebensweg, der ihm (so erzählt uns Wim Veltman) zwischen 1897 und 1902 »eine Zeit der härtesten Prüfungen seines Lebens« bescherte.[12]

Diese Zeit der Schicksalsprüfungen begann etwa um sein 35. Lebensjahr herum. In jenen Jahren erlebte er eine einschneidende Veränderung. Bis dahin hatte sich seine Aufmerksamkeit hauptsächlich auf seine innere Welt gerichtet, seine äußere Welt hatte er eher als Traum erlebt. In seinem Inneren jedoch war er hellwach und entwickelte höchste geistige Aktivität. Doch plötzlich änderte sich dies. »In kurzer Zeit stand die gesamte äußere Wahrnehmungswelt in voller Klarheit und mit scharfen Konturen vor ihm. Was also beim modernen Menschen, vor allem in den Städten, schon in der frühen Kindheit auftritt, eine übermäßige Wachheit der Sinne, trat bei ihm erst sehr spät ein«, so erklärt Wim Veltman.[13]

Dieses späte Erwachen besaß eine große Tragweite. Bis dahin hatte sich Rudolf Steiner in seiner inneren Welt sicher und geborgen gefühlt, auch wenn er merkte, dass er von seinen Mitmenschen nicht verstanden wurde und er anders war als andere. Doch seit seinem Erwachen litt er stärker als zuvor unter der Vereinzelung, die ihm das Anderssein bescherte. Die Tatsache, dass er seine hellsichtigen Erfahrungen mit niemandem teilen konnte, löste in ihm nun ein Gefühl tiefer Einsamkeit aus. Dass er mit niemandem über die Naturwesen sprechen konnte, mit welchen er sich (dank seiner Kindheit in der Natur) so eng verbunden fühlte und mit welchen er täglich kommunizierte, schmerzte ihn nun fast körperlich. Außerdem trafen ihn die Eindrücke, die er in der Außenwelt sammelte, jetzt viel stärker als vorher. In dieser Welt schien es nur um äußere Dinge zu gehen. Es schien, als ob sich niemand um die geistige Welt kümmerte, als ob sie keine Rolle spielte, obwohl diese doch für Rudolf Steiner die wahre Welt war, in der er lebte, und aus welcher die physische Welt hervorging. Es waren Erfahrungen, die ihm körperliche Schmerzen bereiteten, als würde er immer wieder hart gegen eine Wand prallen.

So wurden diese Jahre in Berlin vor seiner Christus-Begegnung zu Jahren zunehmender Prüfungen, die Rudolf Steiner an den äußersten Rand von Einsamkeit und Verzweiflung brachten.

Das Schlüsselerlebnis seines Lebens

An diesem Tiefpunkt seines Lebens hatte Rudolf Steiner im September 1900 ein einschneidendes Erlebnis, das zur wegweisenden Erfahrung seines Lebens wurde. In seiner Biographie »Mein Lebensgang« bringt er es prägnant in einem einzigen Satz auf den Punkt:

> »Auf das geistige Gestanden-Haben vor dem Mysterium von Golgatha in innerster ernstester Erkenntnis-Feier kam es bei meiner Seelen-Entwicklung an.«[14]

Knapper und prägnanter kann man es nicht formulieren. Als Leser fragt man sich, warum er diese wichtigste Erfahrung seines Lebens so kurz, so lapidar darstellt. Schließlich könnte man über diese Zeile leicht hinweglesen. Warum so kurz und bündig?

Um einen inneren Zugang zu dem zu bekommen, was Rudolf Steiner uns mit diesem einen Satz sagen will, muss man sich etwas länger mit diesen Worten beschäftigen und sowohl den Verstand als auch das Einfühlungsvermögen befragen. Erst wenn man diese wenigen Worte einige Zeit lang in meditativer Versunkenheit in sich bewegt, beginnt man, ihre überwältigende Bedeutung zu erkennen.

Zunächst einmal gilt es herauszufinden, was diese wenigen Worte: »das Mysterium von Golgatha« bedeuten. Sie beziehen sich auf den Tod und die Auferstehung Jesu Christi. Rudolf Steiner hat bei seiner Erkenntnis-Feier (man beachte das Wort »Erkenntnis«!) – wie gesagt, mit den Augen des Johannes – einen tiefen Einblick in die Tatsache gewonnen, dass es sich bei diesem Ereignis um das entscheidendste und allerwichtigste Ereignis der gesamten Menschheitsgeschichte handelt. Er sah die esoterischen Geheimnisse, die mit diesem Ereignis verbunden sind. Er erkannte, dass diese Geheimnisse für die gesamte Menschheit gelten und somit über jede Religion hinausgehen und wirklich universell sind. Das »Mysterium von Golgatha«, so erkannte er, ist eine Tatsache, die einen bedeutenden Einschnitt in der Menschheitsgeschichte darstellt, und nicht etwas, woran man glauben muss – es ist und bleibt schlichtweg eine Tatsache.

Nur andächtige Stille, sonst nichts

Wenn man bei diesen Worten etwas länger verweilt und sie meditativ in sich aufnimmt, begreift man allmählich, dass Rudolf Steiner wahrscheinlich längere Zeit – ich vermute sogar einige Tage lang[15]– im Geiste sah, was damals, im Jahr 33, auf dem Hügel Golgatha passierte.[16] Er sah die Kreuzigung, er sah Mutter Maria und

Johannes am Fuß des Kreuzes stehen, er hörte, was Jesus Christus vom Kreuz aus sagte. Worte, die gewöhnlich »die sieben Aussprüche Jesu am Kreuz« genannt werden. Er sah, wie die körperlichen Kräfte Jesu Christi immer mehr schwanden, wie sich seine Lebenskräfte allmählich von seinem physischen Körper lösten.

Doch er sah auch – und vielleicht darf ich sagen: vor allem – die geistigen Ereignisse, die sich damals abspielten. Er sah, wie die Blutstropfen Jesu Christi aus den Wunden an seinen Händen und Füßen in die Erde rannen. Er sah, wie diese wenigen Tropfen eine unvorstellbare Verwandlung der Erde auslösten. Er sah, was die großen Seelen – Engel und verstorbene Menschen – beobachteten, die aus der geistigen Welt atemlos zusahen, was dort, auf Golgatha, geschah. Sie sahen, wie die Erde dank dieser wenigen Blutstropfen einen langen Weg der Transformation begann, die sie eines Tages zu einer Sonne und zum Zentrum eines Sonnensystems machen würde. Sie sahen von der geistigen Welt aus, wie die Aura der Erde dank der geistigen Kraft, die durch diese wenigen Blutstropfen freigesetzt wurde, aufzuleuchten begann und sich erhellte. All das und noch viel mehr durfte Rudolf Steiner in jenen wenigen Tagen miterleben.

Jeder von uns muss lange und intensiv über jede dieser Beobachtungen nachdenken, um sie in seiner Seele zu erfassen und zu ergründen. Ich selbst habe viele Jahre gebraucht, bis ich die Beobachtungen von Rudolf Steiner wirklich erfassen konnte. Doch Rudolf Steiner konnte sie in ihrer ganzen Größe direkt erfühlen und erfassen. In jenen wenigen Tagen öffnete sich für ihn eine völlig neue Welt, und er durfte die Antworten auf alle großen Fragen des Lebens finden.

So bildete diese Begegnung mit Christus zugleich den Höhepunkt und die Vollendung der Einweihung Rudolf Steiners.[17]

Darüber hinaus wurde ihm bei dieser Begegnung der Eintritt Christi in die ätherische Welt, die unmittelbar an die Erde angrenzende geistige Welt, bewusst. Er durfte zum Verkünder dieser Ankunft werden, die in der Vergangenheit oft als »Wiederkunft Christi« bezeichnet wurde.

Die tiefe Erfüllung, die dieses richtungsweisende Erlebnis in seiner Seele hinterließ, führte dazu, dass Rudolf Steiner auch später, als er seine Biographie schrieb, angesichts dessen, was er gesehen hatte, nur andächtig schweigen konnte – so gewaltig und so unaussprechlich war es. Kein Wort hätte dem gerecht werden können. Nur jener eine Satz entrang sich seiner Seele. Der eine Satz nur. Aber gerade deshalb ist es – wenn wir verstehen wollen, was Rudolf Steiner in seinem Leben angetrieben hat – so wichtig für uns, diesen einen Gedanken immer wieder meditativ in unserer Seele zu bewegen.

Malte Diekmann schreibt, dass Rudolf Steiner in jenen wenigen Tagen, in welchen er das Mysterium von Golgatha bezeugen durfte, auch selbst eine Kreuzigung erlebt hat.[18] Wenn man darüber nachdenkt, wird deutlich, wie wahr das ist: Er konnte dieses Ereignis nicht nur mit seinem Verstand erfassen, nein, er nahm mit seinem ganzen Wesen, mit seinen Gefühlen, mit seiner Liebe und seiner Willenskraft an dem teil, was er sah und miterlebte. Diese vollkommene Beteiligung ließ ihn fühlen, was Jesus Christus empfand – sie ließ dessen Kreuzigung auch zu seiner eigenen Wirklichkeit werden. So wie diese Erfahrung, am Fuße des Kreuzes zu stehen, für Johannes zu einer Einweihung wurde, wurde sie auch für Rudolf Steiner zur höchsten Einweihung, die er je erlebt hatte. Er fand keine Worte, so heilig und so intensiv war diese Erfahrung. Nur eben jenen einen Satz. Heilige Scheu und Ehrfurcht hinderten ihn daran, mehr darüber zu sagen.

Aus Rudolf Steiner wurde ein anderer Mensch

Doch das war noch nicht alles. Rudolf Steiner sah in jenen wenigen Tagen, als er geistig vor dem Mysterium von Golgatha stand, noch viel mehr. Er sah die Engel in einem großen Kreis um Golgatha herum stehen. Er sah von Weitem den großen Erzengel Michael. Er sah, wie von der Sonne her eine unerschütterliche Kraft von Michael ausging, die Jesus Christus einhüllte und ihm die Kraft gab durchzuhalten.

Er sah die Naturgeister, die atemlos zusahen, weil sie wussten, dass ihre Zukunft von dem abhing, was hier geschah: Der Christus würde in dieser Stunde auf der Erde geboren werden und seine Kräfte in die Herzen der Menschen hineinlegen, damit das höhere Ich beziehungsweise höhere Selbst in ihnen geboren werden konnte. Die Naturgeister wussten, dass die Geburt dieses höheren Selbst in den Seelen der Menschen letztlich auch sie, die Naturgeister, von aller Finsternis und allem Bösen befreien würde.

Auch Rudolf Steiner nahm wahr, was die Naturgeister sahen: dass bei diesem Mysterium von Golgatha die ganze Zukunft der Menschheit auf dem Spiel stand. Doch er sah es nicht nur, er erspürte und ergründete es mit jeder Faser seines Körpers und seiner Seele.

So wurde er in jenen wenigen Tagen zu einem anderen Menschen. Wir dürfen sagen: In jenen Tagen wurde er zu dem großen Meister, den unsere heutige Zeit so sehr braucht. Er hoffte, dass dieser eine Satz mit jenen wenigen, richtungsweisenden Worten seinen Anhängern genügen würde, um zu erkennen, was ihn ein Leben lang bewegt hatte.

3.

Mit den Augen von Johannes sehen

Er liest im Herzen seines Meisters

Noch einmal – ich habe es bereits angesprochen – stellt sich die Frage: Wie konnte Rudolf Steiner das alles wahrnehmen? Wie konnte er im Geiste am Fuße des Kreuzes stehen und erfassen, was vor 2000 Jahren auf Golgatha, jenem kleinen Hügel in Jerusalem, passierte?

Rudolf Steiner hat mehrmals erklärt, wie er zu seinen Wahrnehmungen kam: Er konnte in die Vergangenheit schauen, indem er sich innerlich mit Menschen verband, die (längst) gestorben waren. Dabei konnte er fühlen und sehen, was sie zuvor auf Erden erfahren, gefühlt und durchlebt hatten. Auf diese Weise vereinte er sich mit mehreren Jüngern Jesu Christi und sah sozusagen durch deren Augen. Er verband sich zum Beispiel mit Petrus, um durch ihn die Ereignisse um Pfingsten zu erblicken.

So war es auch bei diesem Schlüsselerlebnis seines Lebens: Er konnte »das Mysterium von Golgatha« sehen, indem er sich mit Johannes verband und sozusagen durch dessen Augen beobachten durfte, was dieser am Fuße des Kreuzes erlebt hatte.

Johannes war ja bekanntlich nicht einfach irgendein Jünger Jesu Christi. Er wird in der Bibel als »der geliebte Jünger Jesu« oder »der Jünger, den Jesus liebte« bezeichnet.[19] Diese Formulierung ist ein Fachterminus mit besonderer Bedeutung. Denn diese Bezeichnung wurde nicht nur in Israel, sondern in der ganzen damals bekannten Welt in der Mysterientradition für den Schüler verwendet, der von seinem Meister in den sechsten Grad eingeweiht worden war. Diese Einweihung schuf ein besonderes Band zwischen dem Meister und seinem Schüler. Das ging so weit, dass der Schüler sehen konnte, was im Herzen seines Meisters vor sich ging. So kam es, dass Johannes Dinge sehen und wissen konnte, die die anderen Jünger Jesu Christi nicht wussten – schließlich konnte er ja im Herzen seines Meisters lesen und dessen unausgesprochene Gedanken auffangen.

Die anderen Jünger Jesu Christi wussten das und fragten Johannes deshalb gelegentlich, was ihr Meister gerade dachte. Sie wussten ja, dass Johannes im Herzen ihres Meisters lesen konnte.

So erzählt uns die Bibel, dass Jesus Christus beim letzten Abendmahl unvermittelt zu seinen Jüngern sagte: »Einer unter euch wird mich verraten.«[20] Daraufhin fragte Petrus den Johannes, wer es wäre. Petrus fragte Johannes, weil Johannes dies im Herzen Jesu Christi lesen konnte. Von allen Jüngern Jesu Christi war nur Johannes dazu fähig, denn er war der Einzige, der von ihm in den sechsten Grad eingeweiht worden war.

Der Lebensweg des Lazarus

Ursprünglich trug Johannes einen anderen Namen. Er hieß Lazarus. Dieser Name bedeutet: »Gott hilft« oder »Gott ist mein Helfer«. Er durfte erfahren, wie wahr dieser Name war: In den entscheidenden Momenten seines Lebens war es Gott höchstpersönlich, der ihn rettete und ihm half. Das geschah beispielsweise bei seiner Einweihung, doch auch, als er am Fuße des Kreuzes stand und das Leiden und Sterben Jesu Christi mittrug und miterlebte. Es geschah auch, als er von römischen Soldaten gefangen genommen und in einer Höhle auf der Insel Patmos gefangen gehalten wurde. Immer wieder durfte er in solchen Momenten erleben, wie göttliche Kräfte ihn trugen und ihm eine Stütze waren.

In Legenden wird Lazarus als »reicher Königssohn« bezeichnet.[21] Vielleicht war er auch wirklich reich und von adliger Abstammung, doch diese Charakterisierung bezieht sich hauptsächlich auf die geistige Größe von Lazarus, dem späteren Johannes. Die Jünger Jesu Christi schauten zu ihm auf, weil sie immer wieder von der Weisheit, dem tiefen Wissen und der inneren Reife, die von ihm ausgingen, berührt wurden. In ihren Augen war er in spiritueller Hinsicht ein bedeutender Mann und musste daher gewissermaßen ein »Königssohn« sein.

Er war kein Apostel Jesu, aber dennoch oft im Kreis dieser zu finden, wie übrigens auch einige andere, beispielsweise Josef von Arimathäa, Lazarus' Schwester Maria Magdalena, seine Schwester Maria und Nikodemus. Schließlich war die Anhängerschaft Jesu Christi ja größer als der Kreis seiner zwölf Apostel. Mehr als die anderen Anhänger Jesu Christi spürte Lazarus die unvorstellbar große geistige Kraft, die in Jesus Christus wirkte. Er erlebte, wie diese innere Kraft – die Christus-Kraft – immer stärker in den Vordergrund trat und von Tag zu Tag deutlicher spürbar wurde. Er fühlte, wie diese Kraft auch auf ihn einwirkte. Manchmal hatte er sogar den Eindruck, dass diese Kraft ihm den Atem raubte, so stark und überwältigend war sie zuweilen. Er merkte, dass er irgendwie in einem Kreis von Menschen lebte, dic das Gefühl vermittelten, als bildeten sie den Dreh- und Angelpunkt der Zeiten. Doch er konnte nicht verstehen, von welcher Bedeutung das war, so sehr er es auch verstehen wollte und sein Bestes dafür gab.

Als sich die »Stille Woche« näherte – die Woche des Leidens, des Sterbens und der Auferstehung Jesu Christi – spürte er, dass sich alles irgendwie zu einer Krise bzw. einem Höhepunkt zuspitzen würde. Er fühlte es, doch erfassen konnte er es nicht. Die Jünger Jesu Christi nahmen dies nicht wahr. Sie ließen die Ereignisse vielmehr einfach über sich ergehen, ohne sich zu fragen, was sich eigentlich hinter all diesen Geschehnissen verbarg. Sie befanden sich gewissermaßen wie in einem Traumzustand, waren nicht bei vollem Bewusstsein, besonders in Jesu Christi letzten Lebenstagen.

Lazarus hingegen versuchte zu verstehen, was vor sich ging. Doch es gelang ihm immer weniger: Er konnte die große Kraft, die mehr und mehr von Jesus Christus ausging, einfach nicht verstehen, so sehr er sich auch darum bemühte.

Die zunehmende Kraft, die von Jesus Christus ausging, drohte ihn schließlich zu überwältigen. Das gab ihm das Gefühl, sich selbst zu verlieren. »Schließlich«, so schreibt Emil Bock, »geschah es, als das letzte, entscheidende Passahfest (das jüdische Osterfest) nahte, dass Lazarus es innerlich nicht mehr ertragen konnte und von einer rätselhaften Krankheit befallen wurde, die ihn, ohne sich in irgendwelchen Symptomen zu äußern, rasch dahinsiechen ließ.«[22]

Aus Liebe machte er sich uns selbst zum Geschenk

Lazarus war ursprünglich mit Johannes dem Täufer befreundet. Er war einer seiner Schüler. Er war auch dabei, als Jesus von Johannes dem Täufer im Jordan getauft wurde. Lazarus hatte dort beobachtet, wie der Christus-Geist auf Jesus herabkam, und war davon tief berührt. Wie war das möglich? Und wer war dieser Geist, der auf Jesus herabgekommen war und sich mit ihm verbunden hatte? Wenig später hatte Johannes der Täufer seine Anhänger und Freunde auf Jesus Christus hingewiesen und gesagt: »Folget ihm nach!« Seitdem war in Lazarus' Herz eine tiefe und beständig weiter wachsende Liebe zu Jesus Christus erwacht. Es war eine so starke Liebe, dass er bereit war, sein Leben für ihn zu opfern.

Als er kurz vor der Stillen Woche in eine Krise geriet, krank wurde und rasch dahinsiechte, suchte sein Herz selbstverständlich nach Jesus Christus. Sein Vertrauen in ihn und seine Liebe zu ihm waren so stark, dass er wie von selbst aus seinem Körper gezogen wurde und in die geistige Welt eintrat. Infolgedessen machte er eine Erfahrung, die wir heute als Nahtod-Erfahrung bezeichnen würden.

Natürlich wurde Jesus Christus sofort darüber in Kenntnis gesetzt. Schließlich verband ihn und Lazarus eine tiefe, geistige Liebe. Verwunderlicherweise kam Jesus Christus erst nach drei Tagen zu Lazarus. Dieser war in der Zwischenzeit bereits im Felsengrab seiner Familie in Bethanien begraben worden, weil die Menschen nicht erkannten, dass er nicht tot, sondern nur scheintot war.

Lazarus machte indessen in jenen drei Tagen eine besondere Erfahrung in der geistigen Welt: Dort wurde er in die verborgenen Geheimnisse des Lebens und der geistigen Welten eingeweiht. Doch anders als sonst immer bei der Einweihung in den sechsten Grad begegnete er dort zum Abschluss jener drei Tage nicht dem höchsten geistigen Wesen, d. h. dem Wesen der höchsten Liebe und des wahren Lichts – eine Begegnung, die in der Regel den Höhepunkt der Einweihung in den sechsten Grad bildete.

Nach drei Tagen wurde Lazarus von Jesus Christus zurückgerufen. So war es immer bei der Einweihung in den sechsten Grad: Der Initiator rief seinen Schüler genau nach dreieinhalb Tagen, nach der Begegnung mit dem höchsten Lichtwesen, in seinen physischen Körper zurück. Daher stand Jesus Christus genau in jenem Moment an der Schwelle zur Grabstätte. Dort sprach er die Worte, die die Priester bei dieser Einweihung in den sechsten Grad stets sprechen: »Lazarus, komm heraus.« Augenblicklich stieg Lazarus auf die Erde herab, verband sich wieder mit seinem physischen Körper und erwachte. Dann geschah das große Wunder: Als er zu Jesus Christus aufblickte und ihn in der Öffnung der Höhle stehen sah, erblickte er ein großes, strahlendes, gleißendes Licht, das Jesus Christus umhüllte und ihn selbst bis ins tiefste Innere seines Wesens berührte. Dieses Licht, so wusste er sofort mit einer tiefen inneren Gewissheit: »DIES ist das Licht des höchsten geistigen Wesens, das ich in der geistigen Welt nicht finden konnte.« Dieses göttliche Wesen hatte sich in Jesus verkörpert. Da erkannte er auch schlagartig, warum ihn diese Christus-Kraft von jeher so sehr berührt und immer wieder angezogen hatte. Und er verstand auch: Jesus ist der Christus-Träger, der verheißene Messias, von dem alle Propheten gesprochen und dessen Kommen sie vorausgesagt hatten. In ihm, so erkannte er, hatte sich das höchste göttliche Wesen verkörpert. Da endlich verstand er die Geheimnisse seines Meisters. Zumindest teilweise, denn es sollten noch weitere großartige Offenbarungen folgen.

Nach seiner Einweihung erhielt Lazarus einen neuen Namen: Johannes. Dieser Name bedeutet: »Gott ist barmherzig«. Ein bedeutungsvoller Name. Denn durch seine Einweihung war er zu einem anderen Menschen geworden, der die Gnade Gottes bis in die Tiefe seines Wesens hinein hatte erfahren dürfen. Er war nämlich bei seiner Einweihung nicht gestorben, und seine Nahtod-Erfahrung hatte nicht zum endgültigen Tod geführt, sondern er war daraus als ein neuer, höherer Mensch erwacht, als ein Wissender.

(Es gab noch einen weiteren Grund, warum er in Johannes umbenannt wurde: Johannes der Täufer hatte sich während jener drei Tage seiner Einweihung mit ihm verbunden und war eins mit ihm geworden. Mehr dazu in Kapitel 15.)

Am Fuße des Kreuzes

Jetzt können wir auch verstehen, warum Johannes bzw. Lazarus-Johannes, wie er seitdem auch genannt wird, am Fuße des Kreuzes stand, die Apostel, wie etwa Petrus, Jakobus und Thomas jedoch nicht. Johannes – oder Lazarus-Johannes – wusste, was dort auf Golgatha geschah: Das höchste göttliche Wesen durchlebte auf jenem kleinen Hügel den Tod. Dieses Wesen hatte sich bei der Taufe im Jordan in dem Menschen Jesus verkörpert. Das hatte er mit eigenen Augen gesehen. In den darauffolgenden drei Jahren war dieser Geist, der Christus, immer mehr mit dem Leib und dem Wesen Jesu eins geworden. Auch das hatte Lazarus-Johannes am eigenen Leib erfahren.

So erkannte er, am Fuße des Kreuzes stehend, mit tiefer Verwunderung: »Jetzt geht ein göttliches Wesen durch den Tod. Dies tut es, um zu einer irdischen Kraft und dadurch mit den Menschen eins zu werden.« Nur so konnte es ihnen die Kraft des höheren Selbst verleihen, die sie vor Tod und Verderben bewahren würde. Da verstand Johannes endlich die Geheimnisse seines Meisters in ihrer gesamten Tiefe.

Daher spürte er in seinem ganzen Wesen, mit Herz und Seele: »Jetzt muss ich dort sein, jetzt muss ich mit dem solidarisch sein, der meine größte Liebe geworden ist – mit Jesus Christus. Deshalb ist dies der Ort, an dem ich jetzt sein muss, hier, am Fuße des Kreuzes, gemeinsam mit Maria, der Mutter Jesu Christi. Hier muss ich ertragen, was fast unerträglich ist; ich muss die Qualen und das Leiden dessen mitansehen, der mir so lieb geworden ist, ohne etwas dagegen tun zu können. Schweigend muss ich sein Leiden mit ihm tragen.«

Es waren Stunden, die sein weiteres Leben prägten. Und nicht nur jenes Leben, auch seine späteren Leben waren geprägt von jenen Stunden, von jener unerschütterlichen Liebe und von seinem Wissen um die großen Mysterien Jesu Christi.

Johannes wusste auch, dass er dieses Wissen dem großen Geschenk der Einweihung verdankte, die ihm Jesus Christus zuteilwerden ließ. Damals, und nur deshalb, hatte er das Geheimnis Jesu verstehen können, nämlich, dass das höchste göttliche Wesen sich in ihm selbst verkörpert hatte. Eine tiefe Dankbarkeit für dieses Geschenk sollte für immer in seinem Herzen leben und all sein Tun und Lassen bestimmen, jetzt und in all seinen zukünftigen Leben.

Die anderen Jünger wussten im Grunde nicht, was geschah. Sie sahen nur, dass ihr Meister gekreuzigt wurde und sterben würde. Sie wussten: »Auch uns kann das gleiche Schicksal ereilen, wenn bekannt wird, wer wir sind: Jünger eines Mannes, der als Verbrecher zum Tode verurteilt wurde.« Deshalb hielten sie sich in großer Entfernung vom Kreuz, um ihr eigenes Leben zu retten.

Johannes wiederum konnte aus der Kraft eines höheren Wissens heraus, das sein Meister in ihm geweckt hatte, denken und handeln. Die anderen Jünger agierten aus ihrem Ego heraus. Dieses trieb sie dazu, vor allem Sicherheit und Anonymität zu suchen. Erst später, an Pfingsten, durften sie die Kraft des höheren Selbst empfangen und von da an aus dieser höheren Kraft heraus leben. Das würde ihnen später helfen, das Martyrium zu bewältigen, das viele von ihnen ereilen sollte.

Johannes und Christus verband eine tiefe, unerschütterliche Liebe. Und wer in späteren Jahrhunderten durch die Augen des Johannes schauen darf – wie dies Rudolf Steiner geschenkt wurde – wird mit dieser Liebe in Berührung kommen und von ihr für immer geprägt werden.

4.

Eine innige Freundschaft

Der Tod, der zur Geburt wurde

Nachdem wir nun einen Blick auf den Lebensweg von Johannes geworfen haben, wird nachvollziehbar, warum Rudolf Steiner sich mit ihm verbunden fühlte, als er den Sinn seines Lebens – und den Sinn des irdischen Lebens überhaupt – verstehen wollte. Dies war in den dunklen Zeiten der Prüfung und Einsamkeit zu der Frage geworden, die ihn quälte: »Warum bin ich eigentlich auf der Erde, was ist der Sinn meines Lebens, und was ist denn überhaupt meine Lebensaufgabe?«

Eine Antwort auf diese Fragen hatte Johannes mit seiner eigenen Erfahrung am Fuße des Kreuzes gefunden. Was er damals erlebt hatte, so erkannte Johannes später, war nichts weniger als der Beginn des esoterischen Christentums geworden. Denn dort, am Fuße des Kreuzes, wo Jesus Christus starb, war dessen Geburtsstunde. Und er, Johannes, hatte diese Geburt miterleben dürfen, als ihm die großen Geheimnisse des Lebens und Sterbens Jesu Christi bewusst wurden. Mehr und mehr begann Johannes mit tiefem Staunen zu erkennen: Wie wunderbar es ist, dass der Tod Jesu Christi am Kreuz zur Geburt des esoterischen Christentums werden konnte. Diese wenigen Worte: »der Tod, der zur Geburt wurde«, bildeten für ihn die Essenz des esoterischen Christentums.

Mit den Augen von Johannes sehen

So durfte Rudolf Steiner in der dunkelsten Zeit seines Lebens durch die Augen von Johannes schauen und sehen, was dieser große Apostel Jesu Christi vor 2000 Jahren empfunden, erlebt und durchlitten hatte. Auf diese Weise wurde Johannes zu seinem Heiler. Denn das, was er damals sehen durfte, veränderte Rudolf Steiners Leben für immer. Depression und Schwermut wichen allmählich und gaben einer tiefen Freude und Erfüllung Raum. Rudolf Steiner wollte sich fortan nur noch der Weitergabe der in jenen wenigen Tagen gewonnenen Erkenntnisse widmen. Er wollte, dass jeder, der dies wünschte, diese Erkenntnisse in seine Seele aufnehmen und, wie er, zu einem Wissenden werden konnte, zu einem Menschen, der das »Warum« des Lebens versteht.

Die Tatsache, dass Rudolf Steiner dieses große Mysterium von Golgatha hatte schauen dürfen, war übrigens nicht selbstverständlich: Johannes musste es Rudolf Steiner erlauben, mit seinen inneren Augen zu sehen, was er, Johannes, erlebt hatte. Denn natürlich blieb Johannes mit den Eindrücken, Gefühlen und Erfahrungen, die er am Fuße des Kreuzes gemacht hatte, verbunden – waren es doch die entscheidendsten Stunden seines Lebens, die nicht nur jenes Leben, sondern auch seine weiteren Leben geprägt hatten.

Anders ausgedrückt: Johannes blieb natürlich mit seinem Ätherleib verbunden, in dem all diese Erinnerungen eingeschlossen waren, und der sich, anders als bei anderen Menschen, nach seinem Tod nicht auflöste, sondern als Quelle des Lichts und der höheren Erkenntnis in der ätherischen Welt weiterlebte. Als Rudolf Steiner sich innerlich mit Johannes verband, durfte er die Erinnerungen, die in diesem Ätherleib gespeichert waren, wahrnehmen. Auch für Rudolf Steiner sollten diese Eindrücke, Gefühle und Erfahrungen des Johannes am Fuß des Kreuzes zu den wichtigsten seines Lebens werden.

Sie teilten eine Liebe

Man kann es auch anders beschreiben: In jenen wenigen Tagen, als Rudolf Steiner im Geiste am Fuße des Kreuzes auf dem Hügel Golgatha stand, teilte er mit Johannes all jene entscheidenden Eindrücke, Bilder, Gefühle und Erkenntnisse, die das Leben beider fortan für immer prägten. So wurde das Band, das sie in jenen Stunden miteinander knüpften, stark und unzertrennbar. Für immer würden sie in ihrer Liebe zu Christus, die sie teilten, miteinander verbunden bleiben – eine Liebe, die umso mehr wachsen würde, je mehr sie in Zukunft zusammenarbeiten würden.

Die Tatsache, dass sie die Bilder von Golgatha sahen, schuf Verpflichtungen. Sowohl Johannes als auch Rudolf Steiner wurden davon bis ins Innerste berührt. Deshalb waren sie aufgerufen, ihre nachfolgenden Leben in den Dienst dieses Mysteriums und damit in den Dienst Christi zu stellen. So war es Christus selbst, der sie miteinander vereinte und sie zu in Liebe verbundenen Freunden machte, die von und für ein und dasselbe Geheimnis lebten.

Johannes verkörpert sich in jedem Jahrhundert aufs Neue

Johannes ist schon viele Male auf die Erde zurückgekehrt. Sobald er das Tor des Todes durchschritten hatte, baute er wieder einen neuen Körper auf: zuerst einen Astralleib, dann einen Ätherleib, bevor er schließlich einen neuen physischen Leib erhielt, der im Körper der Frau heranwuchs, die in diesem neuen Leben seine Mutter werden sollte. Da er ein großer Meister war, musste er nach dem Tod nicht das tun, was alle anderen Menschen tun müssen, nämlich in der Astralwelt darüber nachdenken, was sie in ihren vergangenen Leben auf der Erde getan, gesagt und hinterlassen haben. Auf diese Weise werden sich die Menschen schließlich bewusst, was in jenem Leben gut war, und was bereinigt werden muss.

Johannes hingegen durfte schon sehr bald reinkarnieren. Er war geistig so fortgeschritten, dass er sich bereits im irdischen Leben direkt bewusst wurde, was gut und was nicht gut war und bereinigt werden musste. Mit anderen Worten: Durch seine geistige Entwicklung wurde ihm schneller als anderen bewusst, was er anderen Menschen aus Liebe geschenkt hatte und was noch zu regeln war. Deshalb durfte er kurz nach seinem Tod bereits wieder ins irdische Leben zurückkehren.

Was ich jetzt beschreibe, ist eines der esoterischen Geheimnisse, die jahrhundertelang geheim gehalten wurden, die aber in unserer jetzigen Zeit ans Licht kommen dürfen. Es handelt sich um ein Geheimnis, das schon zu biblischen Zeiten im kleinen Kreis der Eingeweihten bekannt war und in der Bibel bildhaft dargestellt ist. Im Johannes-Evangelium wird uns von einem kurzen Gespräch zwischen Petrus und dem auferstandenen Jesus Christus berichtet. Dabei teilt Jesus Christus Petrus mit, dass er später eines gewaltsamen Todes sterben wird. Dann sieht Petrus Johannes hinter Jesus Christus stehen und fragt Jesus Christus, wie dessen Schicksal denn aussehen werde. Würde auch dieser eines gewaltsamen Todes sterben? Da spricht Jesus Christus folgende rätselhafte Worte: »So ich will, dass er bleibe, bis ich komme, was geht es dich an?«[23]

Je mehr wir uns bewusst werden, wie die Mysterien in der Bibel fast beiläufig und in bildhafter Sprache mitgeteilt werden, desto mehr können wir ein Gespür für solch rätselhafte Aussagen wie die obige entwickeln. Denn diese wenigen Worte wollen nicht mehr, aber auch nicht weniger ausdrücken als die Tatsache, dass Johannes in jedem Jahrhundert erneut als Mensch auf die Erde kommen wird, um als Botschafter der Mysterien Christi auf Erden zu wirken: »Er wird bleiben, bis Christus wieder zur Erde zurückkehrt.«

Eine der vielen Inkarnationen, die Johannes seither auf der Erde verbracht hat, ist sein Leben als Christian Rosenkreutz. Darüber später mehr. Doch nun, da wir dies wissen, können wir auch das Folgende verstehen.

Rudolf Steiner und Christian Rosenkreutz vor dem Altar

Auf die starke Verbindung zwischen Johannes und ihm selbst hat Rudolf Steiner einmal in besonderer Weise hingewiesen. Nach der Weihnachtstagung 1923 wurde er nach dem Zusammenhang zwischen der Anthroposophie (der geistigen Bewegung, die aus Rudolf Steiners Werk hervorging) und dem Rosenkreuzertum (der geistigen Bewegung, die aus Christian Rosenkreutz‘ Werk hervorging) gefragt. Als Antwort auf diese Frage bot Rudolf Steiner folgendes Bild:

> »In der geistigen Welt stehen Christian Rosenkreutz und Rudolf Steiner Seite an Seite vor einem Altar. Links Christian Rosenkreutz mit blauer Stola, rechts Rudolf Steiner mit roter Stola. Der Schüler selbst erlebt sich im weißen Gewand, wie er auf den Altar zuschreitet.«

Die Malerin Irene Holdegel-Keimeyer hat dieses Bild in Öl auf Leinen gemalt. Sie hat es unten mit folgendem Titel beschriftet: »Die Begegnung des Schülers mit den Meistern im geistigen Tempel während seiner Seelenwanderschaft«. Eine Abbildung dieses Gemäldes finden Sie im Internet unter https://www.anthrowiki.at/Der_Altar_in_der_geistigen_Welt.

Wer in die Geheimnisse des esoterischen Christentums – sprich: in die Geheimnisse Jesu Christi – eingeweiht werden will, wird an den Altar geführt, vor dem Rudolf Steiner und Christian Rosenkreutz stehen. Sie sind es, die den Schüler einweihen werden. Der Altar ist der der Mysterien Christi. Dort wird der Schüler Einblick in diese Mysterien erhalten.

Doch der Altar ist auch der Ort, an dem der große Hüter der Schwelle seine Gaben darbringt.[24] Auch der Mensch kann seine Gaben auf diesem Altar übergeben, um so der Menschheit auf ihrem Weg des spirituellen Wachstums und der Entwicklung in Zusammenarbeit mit dem Hüter und den Meistern zu helfen. Der Schüler, der zum Altar schreitet, kann dort seine Gaben in die Hände von Rudolf Steiner und Christian Rosenkreutz legen. So wird er zu ihrem Mitstreiter und opfert seine Gaben, um ihr Werk zu unterstützen.

Was mich im Zusammenhang mit dem vorliegenden Buch berührt, ist die Tatsache, dass dieses Bild ohne Worte die enge Verbindung zwischen Rudolf Steiner und Christian Rosenkreutz zum Ausdruck bringt.

Rudolf Steiner hat Christian Rosenkreutz einmal als »einen der größten Meister des esoterischen Christentums« bezeichnet. Diese Worte gelten also auch für ihn selbst, wie dieses Gemälde zeigt.

Die intensive Zusammenarbeit zwischen Rudolf Steiner und Christian Rosenkreutz (und damit zwischen Rudolf Steiner und Johannes) kommt übrigens auch in einer Äußerung von Marie Steiner zum Ausdruck. Sie erwähnte einmal, dass sie Christian Rosenkreutz gelegentlich im Arbeitszimmer Rudolf Steiners habe sitzen sehen, obwohl er nicht durch die Tür hereingekommen sei und sie ihn auch nicht durch die Tür habe hinausgehen sehen. Christian Rosenkreutz konnte also Rudolf Steiner im Geiste besuchen, wahrscheinlich eingehüllt in einen Ätherleib.

Die rote und die blaue Stola

Zurück zum Bild der beiden Meister vor dem Altar. Auffallend an Rudolf Steiners Beschreibung sind die beiden verschiedenfarbigen Stolen, die die Meister tragen. Rudolf Steiner trägt eine rote Stola, Christian Rosenkreutz eine blaue. Meines Wissens hat Rudolf Steiner nicht gesagt, warum die Stolen diese Farben besitzen. Ich selbst erlebe diese Farben wie folgt:

Christian Rosenkreutz trägt eine blaue Stola. Er lebte von 1378 bis 1484, wurde also in jenem Leben mehr als hundert Jahre alt. Damals gründete er eine Bruderschaft, die Rosenkreuzer, und vertraute dieser die Geheimnisse Christi (und damit die des esoterischen Christentums) an. Seine Schüler sollten diese in ihren Herzen tragen und hüten – jedoch im Geheimen und in Form von Bildern. Mehr konnten die Menschen der damaligen Zeit noch nicht verarbeiten.

Was das esoterische Christentum für den Alltag bedeutete, wurde jedoch sehr wohl an die Öffentlichkeit getragen – und zwar in Form von Märchen. Viele Märchen haben ihren Ursprung bei den Rosenkreuzern und waren als Leitfaden fürs Leben gedacht.

Es ist faszinierend zu sehen, wie ausgerechnet Christian Rosenkreutz – und damit der in ein neues irdisches Leben zurückgekehrte Johannes selbst – die Geheimnisse des esoterischen Christentums hüten und in einer der damaligen Zeit angemessenen Form weitergeben durfte.

Diese bildhafte Form, die ruhige und verspielte Sprache der Märchen, in welchen die Menschen auf den richtigen Lebensweg geführt werden, und eine Bruderschaft, die die esoterischen Geheimnisse in aller Verschwiegenheit zu pflegen und zu hüten hatte – dazu passt die Farbe Blau der Stola von Christian Rosenkreutz. Blau macht uns auf die geistige Welt aufmerksam. Aber es ist auch eine Farbe der Stille, des Vertrauens und des Glaubens. Dieses

Kolorit vermittelt Christian Rosenkreutz den Menschen mit seiner Arbeit.

Jahrhunderte später kam Rudolf Steiner auf die Erde. Er lebte von 1861 bis 1925. Seine Mission war es, die Geheimnisse des esoterischen Christentums in die Öffentlichkeit zu bringen, und zwar nochmals in neuer Form, nämlich in einer logischen und für das damalige Denken verständlichen Weise. Das war ein enormer Fortschritt in der Entwicklung des esoterischen Christentums.

Doch Rudolf Steiner durfte noch einen Schritt weiter gehen: Er durfte zeigen, wie man mit dem Wissen um das esoterische Christentum die Erde verändern kann. Und so sind aus seinem Werk die biologisch-dynamische Landwirtschaft, die Waldorfschul-Bewegung, die anthroposophische Heilkunde, das Wissen um das esoterische Christentum und noch viele weitere Entwicklungen hervorgegangen. Durch sein Werk wird der Mensch zum aktiven Handeln aufgerufen: Zunächst müssen wir unser Denken so umwandeln, dass wir mit diesem Denken das esoterische Christentum – und damit die Geheimnisse Christi – verstehen können. Doch darüber hinaus müssen wir uns an die Arbeit machen, um die Erneuerung der Erde und der Gesellschaft zu gestalten. Nur mit höchstem Engagement in den oben genannten und anderen Bereichen wird es gelingen, die Erde vor der Zerstörung zu bewahren. Genau das, nicht mehr und nicht weniger, ist der Sendungsauftrag, den uns Rudolf Steiner hinterlassen hat. Zu ihm passt also die Farbe Rot, die Farbe der Aktivität und der Geisteskraft.

So lebe ich nun schon seit Jahren mit dem Bild der beiden Meister vor dem Altar.

5.

Die Mysterien werden enthüllt

Die traditionelle Geheimhaltung wird gebrochen

Es war, wie wir festgestellt haben, im September 1900, als Rudolf Steiner durch die Augen von Johannes blicken durfte und Einblick in die Mysterien Jesu Christi erhielt. Doch diesem so besonderen Erlebnis folgten schon bald weitere Erkenntnisse: Es war, als ob sich in der geistigen Welt ein Tor geöffnet hatte, durch das ihm von diesem Moment an tiefgehende Einsichten zuflossen.

So erhielt er kurze Zeit später Einblick in den Lebensweg des Johannes selbst. Dabei erkannte er das tiefe, untrennbare Band zwischen Christus und Johannes: Er durfte sehen, wie Johannes zunächst Lazarus hieß und erst nach seiner Einweihung durch Jesus Christus den Namen Johannes erhielt: Lazarus-Johannes. Rudolf Steiner hat die Geheimnisse der Einweihung des Lazarus in seinem Buch »Das Christentum als mystische Tatsache und die Mysterien des Altertums« niedergeschrieben, das bereits 1902, kurz nach seinem Schlüsselerlebnis, erschienen ist.[25] Das zentrale Thema ist die Enthüllung dessen, was stets verborgen war.

Was hat Rudolf Steiner damit sagen wollen? Er meinte damit, dass die Mysterien, die in der Geschichte stets völlig geheim gehalten worden waren, durch Jesus Christus zu Beginn der christlichen Zeitrechnung enthüllt wurden. Zur Erläuterung dieser doch recht bemerkenswerten Behauptung erzählte Rudolf Steiner dann von Lazarus, der von Jesus Christus in aller Öffentlichkeit in den sechsten Grad eingeweiht wurde. (Lesen Sie, was ich dazu in Kapitel 2 erklärt habe, und lesen Sie auch das Johannes-Evangelium, Kapitel 11).

Folgendes habe ich bereits ausgeführt: Als Lazarus scheinbar tot und sein Leib in das Felsengrab seiner Familie gelegt worden war, ließ Jesus Christus nach genau dreieinhalb Tagen den Stein vor dem Grab wegwälzen. Dann stellte er sich an den Eingang der Höhle und rief mit lauter Stimme den uralten Ruf des Priesters, mit dem der Eingeweihte aus der geistigen Welt zurück in seinen physischen Leib gerufen wurde: »Lazarus, komm heraus!« Daraufhin kehrte Lazarus in seinen Körper zurück und erwachte.

Das Schockierende daran war, dass nicht nur die Jünger Jesu Christi, sondern auch viele Dorfbewohner um ihn herumstanden und zusahen. Es war etwas völlig Neues, dass Uneingeweihte eine solche Einweihung mitverfolgen und miterleben konnten! Die Umherstehenden verstanden nicht, was passierte, und dachten, Jesus Christus habe einen Toten aus dem Totenreich zurückgeholt und ihn ins irdische Leben zurückkehren lassen. Das war somit also das Gerücht, das sich von da an in Israel verbreitete: Jesus Christus rief nun sogar jemanden von den Toten zurück und besiegte damit den Tod. Doch das war nicht der Fall. Jesus Christus selbst war ja der erste Mensch, der erst später – an Ostern – den Tod überwinden und von den Toten auferstehen sollte.

Mit Lazarus verhielt es sich ähnlich. Doch der Unterschied zwischen dem, was mit Lazarus geschah, und jemandem, der stirbt und tot ist, besteht darin, dass die Silberschnur von Lazarus noch intakt war, und dass diese bei jemandem, der stirbt, zerreißt. Diese Silberschnur verbindet den physischen Leib mit den geistigen Körpern eines Menschen, nämlich mit seinem Ätherleib und seinem Astralleib, in welchem sein Geist (oder sein Ich) lebt. Solange dieses Band unversehrt bleibt, kann der Mensch immer wieder in seinen physischen Leib zurückkehren. Erst wenn es reißt, tritt definitiv der Tod ein. Diese Silberschnur ist in der Esoterik bekannt und wird sogar in der Bibel erwähnt (Prediger 12,6). Das zeigt, dass die Eingeweihten der alttestamentlichen Zeit bereits über dieses Wissen verfügten und es (ohne weitere Erklärung, denn es handelte sich ja um Geheimwissen) im Bibeltext niedergeschrieben haben. So konnten die Eingeweihten verstehen, was der biblische Autor meinte, und andere lasen einfach darüber hinweg. Leider haben selbst die Theologen im Laufe der Jahrhunderte diesen Text aus »Prediger« nie verstanden und ihn nur als eine poetische und nicht als eine faktische Beschreibung des Todes aufgefasst.

Die Todesstrafe

Folgendes war also mit Lazarus geschehen: Obwohl er seinen physischen Leib verlassen hatte, war die Silberschnur noch nicht gerissen. Er war demnach scheintot und konnte deshalb wieder in seinen Körper zurückkehren. Genau das geschieht auch heute mit Menschen, die eine Nahtod-Erfahrung haben.

Indem Jesus Christus die Einweihung des Lazarus in aller Öffentlichkeit vollzog, verstieß er gegen das uralte Gesetz der Geheimhaltung der Mysterien. Die Verletzung dieser Regel wurde mit dem Tod bestraft. Sie wurde in vorchristlicher Zeit denn auch mehr als einmal vollzogen. Als die Pharisäer hörten, was in Bethanien geschehen war, beschlossen sie, Jesus Christus zu töten: »Von dem Tage an ratschlagten sie, wie sie ihn töteten.«[26] Formal betrachtet hatten sie mit ihrer Entscheidung recht, denn Jesus Christus hatte durch sein Handeln in der Tat nach damaligem Verständnis die Todesstrafe verdient.

Unverständnis, Kritik und Verwirrung

Die Entwicklung der Geheimhaltung der Mysterien bis zu ihrer endgültigen Offenlegung im 20. Jahrhundert lässt sich wie folgt beschreiben:

- Obwohl Jesus Christus mit seiner öffentlichen Einweihung des Lazarus-Johannes einen wichtigen Schritt nach vorn getan hatte, der letztendlich – und zwar in der heutigen Zeit – zur Offenlegung der alten Einweihungstradition (d. h. der Mysterien) führen sollte, blieben diese auch nach dem Tod und der Auferstehung Jesu Christi zunächst noch geheim.
- In den folgenden Jahrhunderten wandte sich auch die Kirche vehement und mit Gewalt gegen die Eingeweihten und verurteilte sowohl die Eingeweihten selbst als auch die Mysterien.
- Christian Rosenkreutz teilte später, im 15. Jahrhundert, diese Geheimnisse mit seinen Schülern, aber auch damals blieben sie geheim, denn seine Schüler mussten Verschwiegenheit geloben.
- Erst 1902 brachte Rudolf Steiner mit seinem Buch diese traditionelle, jedoch jahrhundertelang streng geheim gehaltene Mysterien-Tradition und ihre Einweihungsrituale an die Öffentlichkeit, insbesondere die Mysterien um die Einweihung des Lazarus-Johannes.

Sein Buch rief nicht nur bei seinen Gegnern, sondern auch bei seinen Freunden heftigen Widerstand hervor. Bis dahin war Rudolf Steiner Redakteur einer Zeitschrift für Literatur und Kultur gewesen und hatte am literarischen Leben Berlins teilgenommen. Doch kurz nach der Veröffentlichung des oben genannten Buches wurde er zum Generalsekretär der Theosophischen Gesellschaft. Sowohl für seine »alten« Freunde aus dem literarischen Leben als auch für die Mitglieder der Theosophischen Gesellschaft war dieses Buch ein Schock. Seine »alten« Freunde begriffen nicht, warum er so ausführlich und eindringlich über Christus sprach – schließlich war er den Kirchen gegenüber immer recht kritisch gewesen. Seine neuen Freunde hingegen verstanden nicht, warum er Christus in der Welt der Esoterik so stark in den Mittelpunkt rückte. Folglich erregte er auf beiden Seiten Unverständnis, Kritik und Verwirrung.

Mit diesen Widerständen begann der neue Lebensweg, den Rudolf Steiner nach seinem wegweisenden Schlüsselerlebnis am Fuße des Kreuzes, wo er durch die Augen des Johannes hatte schauen dürfen, einschlug. Doch danach gewann er weitere Einsichten, die ihn noch stärker mit Johannes verbanden. Durch diese Flut an neuen Erkenntnissen mussten alle seine Freunde und Bekannten, alte und neue, einen veränderten Zugang zu ihm finden, weil sie den Lebensweg, den er nun eingeschlagen hatte, nicht nachvollziehen konnten.

Der einzigartige Schritt Rudolf Steiners

Jesus Christus hatte also einen ersten Schritt getan, um die alten Mysteriengeheimnisse zu enthüllen, indem er Lazarus öffentlich die Einweihung erteilte. Doch das erkannten nur die Eingeweihten, beispielsweise die Pharisäer und die Eingeweihten um Jesus Christus, wie Nikodemus, Josef von Arimathäa und Maria Magdalena. Später hat Lazarus-Johannes bzw. Johannes – wie er immer öfter genannt wurde – die Mysteriengeheimnisse in Form von Bildern und Geschichten in sein Evangelium aufgenommen. Sogar den gesamten siebenstufigen Einweihungsweg nahm Johannes in sein Evangelium auf, allerdings in der Bildersprache und nicht in Form einer direkten Beschreibung. Es beginnt mit dem ersten Wunder in Kana, wo Jesus Christus Wasser in Wein verwandelte, und reicht bis zum siebten Wunder, der Initiation des Lazarus-Johannes. Auf diese Weise berichtet Johannes in bildhafter und narrativer Form recht ausführlich die sieben Wunder bzw. Zeichen, die Jesus Christus vollbrachte. Und, wie gesagt, diese Wunder sind nicht einfach irgendwelche Wunder – sie sind bildhafte Beschreibungen der sieben Stufen der Einweihung.[27]

Bis zur Zeit Rudolf Steiners hatte niemand (außer einigen hohen Eingeweihten wie Christian Rosenkreutz) die tiefere Bedeutung dieser Wunder oder Erzählungen wirklich verstanden. Selbst die Theologen der letzten 2000 Jahre haben die verborgenen Geheimnisse dieser Erzählungen – und damit die biblischen Mysterien – nie deuten können.

Doch dann, 1902, zu Beginn des letzten Jahrhunderts, war es Rudolf Steiner, der diese biblischen Mysterien in klaren, logischen Worten ans Licht der Öffentlichkeit bringen durfte.

Auf eigene Initiative hin

Es war also ein großer, ja ein beispielloser Schritt, den Rudolf Steiner getan hat, indem er mit seinem Buch diese großen Geheimnisse des Johannes ans Licht der Öffentlichkeit brachte. Wenn man sich ein wenig intensiver damit befasst, wird man feststellen, dass Rudolf Steiner diesen Schritt nicht getan hat, weil er von der geistigen Welt dazu berufen worden war. Vielmehr entschloss er sich aus Eigeninitiative und persönlicher Erkenntnis dessen, was für die Zeit, in der er lebte, notwendig war, zu diesem Schritt. Das ist einzigartig! Sowohl der Schritt selbst als auch die Art und Weise, wie er zu diesem Entschluss kam.

Denn bis dahin war die geistige Entwicklung der Menschheit ja stets von der geistigen Welt aus gelenkt worden, und zwar, indem bestimmte Eingeweihte Aufträge aus der geistigen Welt erhielten, die zu diesem Zeitpunkt notwendig waren. Nun aber unternahm Rudolf Steiner eigenmächtig – also ohne von der geistigen Welt dazu berufen zu sein – einen Schritt, den er selbst für die geistige Entwicklung des Menschen für notwendig hielt.[28]

Es ist daher auch verständlich, dass Rudolf Steiner diesen Schritt nicht auf die leichte Schulter nahm. In einem Gespräch mit Friedrich Rittelmeyer sagte er: »Es hat auch – ich gebe es offen zu – Mut erfordert, über diese Dinge öffentlich zu sprechen. Diesen Mut musste ich erst einmal aufbringen.«[29]

Rudolf Steiner hat uns mit seinem mutigen Handeln einen entscheidenden Schritt auf dem Weg unserer geistigen Entwicklung vorgelebt – nämlich die Notwendigkeit, die Verantwortung für diese Entwicklung selbst zu übernehmen. Das ist eine Aufgabe, die uns allen in unserer Zeit anvertraut ist. Darüber hinaus hat er uns den Mut vorgelebt, den es erfordert, um solche Schritte überhaupt tun zu können.

So war es Rudolf Steiner, der dort anknüpfte, wo Johannes aufgehört hatte. Johannes hat uns sowohl in seinem Evangelium als auch in seinem Buch »Die Offenbarung des Johannes« allerlei Geheimnisse in bildhafter Form mitgeteilt. Rudolf Steiner offenbart uns diese Geheimnisse in der klaren, logischen Sprache des modernen Menschen.

So sehen wir, wie sich Rudolf Steiner immer enger mit Johannes verbunden hat. Mit jedem neuen Schritt auf seinem Weg wird diese Verbindung stärker und intensiver.

Warum erst in unserer heutigen Zeit?

Doch warum hat es so lange gedauert, bis diese Mysteriengeheimnisse der Öffentlichkeit zugänglich gemacht wurden? Warum blieben sie fast 2000 Jahre geheim? Diese Frage stellt sich auch deshalb, weil Jesus Christus zu seiner Zeit ja schon den ersten Schritt zur Offenlegung der Mysterien vollzogen hatte.

Die Antwort auf diese Frage lautet: Der Mensch musste sich erst zwei neue Fähigkeiten aneignen, mit welchen er imstande sein würde, diese Geheimnisse zu verstehen. In einem ersten Schritt musste er lernen, klar und logisch zu denken. Es war erforderlich, lesen und schreiben zu können sowie über ein gewisses Grundwissen und bestimmte Grundfertigkeiten zu verfügen, die es ermöglichten, die esoterischen Erkenntnisse auch wirklich zu verstehen und zu verarbeiten. Erst dann war er fähig, diese Geheimnisse mit seinem eigenen Verstand zu erfassen und zu ergründen. Dieses Wissen und diese Fähigkeit erwarb sich der Mensch in der griechisch-römischen Kulturperiode, die von 747 v. Chr. bis 1413 n. Chr. dauerte.[30]

Aber es war noch eine zweite Fähigkeit erforderlich, die der Mensch beherrschen musste, bevor er die Mysteriengeheimnisse tatsächlich verinnerlichen konnte. Er muss nämlich in der Lage sein, diese Erkenntnisse nicht nur mit dem Verstand, sondern auch mit dem ganzen Wesen zu erfassen. Also auch mit dem Fühlen und ebenso sehr auch mit dem Bewusstsein. Letzteres erfordert eine Form, die es ihm ermöglicht, sich selbst und die Welt im eigenen Umfeld mit einer gewissen Distanz zu betrachten. Dieses neue Bewusstsein kann der Mensch in unserer heutigen Zeit, der fünften postatlantischen Kulturperiode, die 1413 n. Chr. begann und bis 3573 n. Chr. dauern wird, entwickeln.[31] Es handelt sich um eine Fähigkeit bzw. einen Aspekt unserer Seele, der als »Bewusstseinsseele« bezeichnet wird.

Dieses neue Bewusstsein ist wichtiger, als vielen bewusst ist. Schließlich geht es bei den Mysterien ja auch um Selbsterkenntnis. Diese kann man nur erlangen, wenn man lernt, sich selbst aus der Distanz zu betrachten, so als wäre man sich selbst fremd. Wer diese Art der Selbstreflexion erlernt – so wurde es damals schon dem Mysterienschüler beigebracht – wird dadurch automatisch eine wachsende Verbindung mit der geistigen Welt erreichen. Selbsterkenntnis und der Einblick in die geistige Welt gehen Hand in Hand. Das war nicht nur in früheren Zeiten so, sondern gilt auch heute. Wer Selbsterkenntnis erwirbt, lernt damit nämlich, hinter die Dinge zu schauen. Und wer das kann, wird auch lernen, im Alltag hinter die Dinge zu blicken und sich der geistigen Welt bewusst zu werden, die hinter der sichtbaren verborgen ist.

Mit anderen Worten: Indem man Selbsterkenntnis gewinnt und lernt, hinter die Dinge zu blicken, wird man zu einem Wissenden. Man bleibt nicht länger jemand, der an die Autorität eines Priesters oder eines Pfarrers glaubt. In der Tat wird man dann nämlich imstande sein, die großen Mysteriengeheimnisse nicht nur mit dem Verstand, sondern auch mit dem Herzen zu erfassen. Das liegt daran, dass man innerlich, im Herzen, erfahren hat, dass das esoterische Wissen wahr und die geistige Welt Wirklichkeit ist.

Es wird in unserer heutigen Zeit noch viel Überzeugungsarbeit zu leisten sein, bis den meisten Menschen bewusst geworden ist, dass dies der Auftrag ist, der jedem Menschen bei seiner Geburt mit auf den Weg gegeben wird, nämlich der Auftrag, geistig zu wachsen und Selbsterkenntnis, aber auch Einblick in die – bisher stets verborgenen – Geheimnisse der Welt und des Kosmos zu gewinnen. Wer sich jedoch dieser Aufgabe widmet, wird zu einem anderen Menschen, zu einem Wissenden bzw. zu jemandem, den man in früheren Zeiten als »Eingeweihten« bezeichnet hätte.

6.

Der berühmte Münchner Kongress von 1907

Die sieben Siegel

Im Jahr 1907 durfte die Deutsche Theosophische Gesellschaft, deren Vorsitzender Rudolf Steiner war, den jährlichen Kongress der Gemeinschaft der europäischen Sektionen veranstalten. Der Kongress fand in jenem Jahr an Pfingsten statt. Da Rudolf Steiner (als Generalsekretär der deutschen Sektion) die Leitung innehatte, verlief diese Tagung anders als die bisherigen Kongresse. Der Saal in München, in dem die Tagung stattfand, wurde auf Anweisung Rudolf Steiners in besonderer Weise geschmückt und dekoriert. An den Wänden des Saals wurden Gemälde der »sieben Siegel« angebracht, ebenso wie Gemälde der »sieben Säulen«.

Die sieben Siegel sind Bilder, die Rudolf Steiner in der Astralwelt wahrgenommen hat, und die den Bildern ähneln, die Johannes in seinem Buch »Die Offenbarung des Johannes« beschrieben hat. Sowohl Johannes als auch Rudolf Steiner haben diese Bilder als lebendige Wesen erkannt. Diese Urbilder, die sie dabei jeweils auf ihre eigene Weise wahrgenommen haben, zeigen die verschiedenen Entwicklungsstufen, die der Mensch auf der Erde von Leben zu Leben durchläuft.

In ihrer Essenz sind diese Urbilder geistige Kräfte. Aus diesen geht alles hervor, was auf der Erde in der physischen Realität entsteht und geschieht. Als Johannes auf der griechischen Insel Patmos in einer Höhle gefangen gehalten wurde, durfte er in der Astralwelt die Vergangenheit und Zukunft der Menschheit auf Erden sehen. Dabei wurden ihm die sieben Urbilder gezeigt – und damit die sieben großen Entwicklungsstufen der Menschheit. Es waren diese Urbilder, die auch Rudolf Steiner Jahrhunderte später zu seiner Zeit gezeigt bekam. Er gab der Malerin Clara Rettich genaue Anweisungen, damit sie diese Urbilder so exakt wie möglich malen konnte.[32] Clara Rettichs Bilder erhielten eine runde Form und wurden an der Wand des Saales in München angebracht. So wurde der Impuls der christlichen Esoterik auf diesem Kongress für alle sichtbar.

Rudolf Steiner zeigte auf diese Weise ohne Worte zudem, wie wichtig Johannes für die christliche Esoterik war, und wie sehr er sich mit ihm verbunden fühlte. Übrigens: Gerade die Tatsache, dass die gemalten Siegel in München nicht ganz mit ihrer Beschreibung in der Offenbarung des Johannes übereinstimmen, zeigt, dass die beiden, Johannes und Rudolf Steiner, die sieben Urbilder unabhängig voneinander wahrgenommen haben.

Kunst und Esoterik

Darüber hinaus ließ Rudolf Steiner sieben Säulen auf Holztafeln malen. Auch diese wurden an den Wänden des Saales angebracht. Die Säulen stellen die Wahrnehmungen »geistigen Schauens« dar, die sowohl Johannes als auch Rudolf Steiner in der geistigen Welt, die sich über der Astralwelt erhebt, gemacht hatten. Rudolf Steiner erklärte, dass das Wort »Schauen« eigentlich falsch sei. Denn Johannes und er selbst haben in dieser höheren geistigen Welt, dem Devachan, keine Bilder gesehen, sondern Töne gehört. Diese Töne sind die geistigen Urkräfte oder Urtöne, die die hohen Eingeweihten im Devachan hören können – ihre Wahnehmung dort erfolgt weniger über das geistige Schauen als vielmehr hauptsächlich über das geistige Hören. Die Säulenbilder sind daher eine plastische

Darstellung der Urtöne, die Johannes und Rudolf Steiner dort vernahmen. Diese plastischen Formen könnte man als »eingefrorene Musik« bezeichnen. Es ist, als ob die Hand des Künstlers dieser Musik lauscht, während er sie zugleich in Form und Farbe gießt.

Es muss für die Besucher dieses Kongresses schon eine außergewöhnliche Sensation gewesen sein, als sie den Saal betraten und die Säulen, die Siegel und die roten Wandteppiche sahen, die dem Saal eine so einzigartige Atmosphäre verliehen. Wir können diese besondere Dekoration des Kongresssaals als einen ersten Schritt in diesem Bereich von Rudolf Steiners Werk werten, denn von da an spielte die Kunst in seinem Wirken eine große Rolle. Mit anderen Worten: Auf diesem Kongress wurden Kunst und Esoterik erstmals zu einer untrennbaren Einheit kombiniert.

Rudolf Steiner selbst schrieb dazu in seiner Biographie rückblickend Folgendes: »Den großen Konzertsaal, der für die Tagung dienen sollte, ließen wir – die Veranstalter – mit einer Innendekoration versehen, die in Form und Farbe künstlerisch die Stimmung wiedergeben sollte, die im Inhalt des mündlich Verhandelten herrschte. Künstlerische Umgebung und spirituelle Betätigung im Raume sollten eine harmonische Einheit sein.«[33]

Mir fällt auf, dass man in den Schriften des Johannes, d. h. in seinem Evangelium, der »Offenbarung des Johannes« und in den Johannesbriefen, eine ähnlich kunstfertige Gestaltungsweise findet, die das Denken des Lesers durchdringt und es auf eine höhere Ebene hebt. Es handelt sich dabei nicht um abstrakte Texte, im Gegenteil, sie sind voller Leben, voller Gefühl, Feinsinn und Innigkeit. Man spürt als Leser sofort, dass diese Worte mehr sind als nur Worte – die Worte enthalten Energien und Erkenntnisse aus höheren Welten, die durch die Worte hindurchwirken.

Könnte es sein, dass Rudolf Steiner den Impuls, Kunst und geistige Entwicklung miteinander zu verknüpfen, teilweise Johannes zu verdanken hat? Wie dem auch sei – auf jeden Fall sehen wir, wie

Rudolf Steiner und Johannes auch in diesem Bereich immer mehr miteinander verschmelzen, beseelt von denselben Impulsen.

Jetzt wird auch verständlich, warum Rudolf Steiner eine Bühnenaufführung in das Kongressprogramm aufnehmen ließ: »Das Heilige Drama von Eleusis« von Edouard Schuré. Rudolf Steiner schrieb dazu in seiner Biographie: »Dieses Drama fügten wir in das Programm ein. Eine Anknüpfung an das alte Mysterienwesen, wenn auch in noch so schwacher Form, war damit gegeben – aber, was die Hauptsache war, der Kongreß hatte Künstlerisches in sich. Künstlerisches, das auf den Willen hinwies, das spirituelle Leben fortan nicht ohne das Künstlerische in der Gesellschaft zu lassen.«[34]

An den alten Mysterienplätzen, zum Beispiel in Eleusis oder Epidaurus in Griechenland, gab es auch Theateraufführungen, die die Seelen der Besucher berühren und auf eine tiefere Schicht ihrer Seele einwirken sollten. Auch Kranke besuchten – auf ausdrückliches Anraten der priesterlich tätigen Ärzte – solche Aufführungen, weil sie eine heilende Wirkung auf sie ausüben konnten. Es wäre vielleicht auch eine schöne Idee für uns heute, in unseren Krankenhäusern ein Theater einzurichten, in dem kranke Menschen eine Aufführung besuchen können, die eine heilende Wirkung auf ihre Seelen hat!

Die sieben Säulen

Was wollte Rudolf Steiner in München mit diesen sieben Säulen darstellen? Darin steckt das Wissen um die weitere Entwicklung unseres Planeten. Die Erde durchläuft nämlich sieben verschiedene Inkarnationen oder Verkörperungen. Diese werden nacheinander als Saturn, Sonne, Mond, Mars, Merkur, Jupiter und Venus bezeichnet. Eine weitere Erläuterung dieser Reihenfolge findet sich in der Endnote[35]. Die sieben Säulen drückten somit die verschiedenen Entwicklungsstufen bzw. sieben Inkarnationen der Erde aus. Die sieben Siegel wiederum waren Ausdruck der verschiedenen Entwicklungsstufen der Menschheit auf der jetzigen Erde – und damit der vierten Inkarnation dieses Planeten.

Übrigens wollte Rudolf Steiner mit diesen Bildern nicht so sehr den Verstand der Besucher ansprechen und folglich nicht so sehr auf ihr Denken einwirken, sondern vor allem ihr inneres Wissen berühren. Denn in jedem Menschen liegt unbewusst bereits das Wissen um das verborgen, was die Siegel und Säulen ausdrücken möchten, haben wir doch in unseren früheren Inkarnationen schon einiges davon miterlebt. Durch die künstlerischen Formen und Bilder der Siegel und Säulen kann etwas von diesem unbewussten Wissen in unser Bewusstsein dringen.

Vor allem aber ging es Rudolf Steiner darum, die kraftvollen Energien der Urbilder im Kongresssaal wirksam werden und sie ohne Worte auf die Besucher einwirken zu lassen.

Östliche und westliche Esoterik

Nicht nur Johannes war auf diesem Kongress in jenen Siegeln und Säulen ohne Worte mit Nachdruck präsent, auch Christian Rosenkreutz, der große Meister, in dem sich Johannes später verkörperte und Jahrhunderte später wieder auf die Erde zurückkam. Rudolf Steiner hat die zentrale Rolle, die Johannes und Christian Rosenkreutz für die westliche bzw. christliche Esoterik spielten, noch einmal deutlich hervorgehoben, indem er unmittelbar nach jenem Kongress eine Vortragsreihe unter dem Titel »Die Theosophie des Rosenkreuzers« hielt.[36] Auch damit machte er deutlich, dass es diese Esoterik, die christliche bzw. westliche Esoterik, ist, die er repräsentierte. Natürlich führte diese Entwicklung später zu Konflikten mit der Theosophischen Gesellschaft, weil diese hauptsächlich die östliche Esoterik vertrat.

Übrigens hatte Rudolf Steiner gleich bei seiner Ernennung zum Generalsekretär der Theosophischen Gesellschaft in Deutschland festgelegt, dass er Redefreiheit erhalten solle und die ihm geschenkten Erkenntnisse aus der geistigen Welt kundtun dürfe.

Das Rosenkreuz

Das Titelblatt des Programmheftes für den Kongress 1907 in München ist markant: Wir sehen in Großbuchstaben EDN JCM PSSR abgedruckt, die Anfangsbuchstaben des Rosenkreuzerspruchs. Darüber hinaus ist aber auch das Rosenkreuz abgebildet: ein schwarzes Kreuz, dessen Herz von sieben roten Rosen umkränzt ist. Deutlicher als dieses Cover kann man es ohne Worte nicht sagen: Die Erkenntnisse, die Rudolf Steiner vermittelt, knüpfen direkt an das an, was Christian Rosenkreutz der Menschheit geschenkt hat.

Die Verbindung zwischen Rudolf Steiner auf der einen Seite und Johannes und Christian Rosenkreutz auf der anderen Seite geriet immer tiefer. Jetzt wird auch verständlich, warum Marie Steiner, wie schon erwähnt, Christian Rosenkreutz mehrmals mit Rudolf Steiner in dessen Arbeitszimmer sitzen sah, ohne dass sie ihn herein- und wieder hinausgelassen hatte. Die tiefe Verbundenheit, die sich zwischen den beiden entwickelt hatte, machte das möglich.

Der Rosenkreuzerspruch

Nicht nur auf dem Umschlag, sondern auch auf dem Rand des siebten Siegels befinden sich zehn große und daher auffällige Buchstaben in einem Kreis. Es sind die Initialen des Rosenkreuzerspruchs: E D N J C M P S S R. Der Spruch auf Lateinisch lautet wie folgt:

Ex Deo Nascimur
In Christo Morimur
Per Spiritum Sanctum Reviviscimus

Ins Deutsche übersetzt, lautet der Spruch:

Aus dem Gotte sind wir geboren.
In dem Christus sterben wir.
Durch den Heiligen Geist werden wir auferstehen.

Rudolf Steiner sagt über diesen Text: »In diesem Spruch ist der Sinn der menschlichen Entwicklung voll und ganz wiedergegeben.«[37] Das ist in der Tat eine bemerkenswerte Aussage, über die es sich durchaus nachzudenken und zu meditieren lohnt. In diesem Spruch, so Rudolf Steiner, steckt alles, worum es im Leben geht!

Ich bin darauf vor vielen Jahren gestoßen, als ich noch nichts über die Rosenkreuzer und Rudolf Steiner und sein Werk wusste. Damals schon hat mich dieser Spruch tief berührt, und ich habe ihn in mein Herz geschlossen, weil ich mein eigenes Leben darin wiedererkannte. Doch was habe ich aus diesem Spruch herausgelesen?

Wir werden von Gott mit den verschiedensten geistigen und körperlichen Kräften für dieses irdische Leben ausgestattet. Es sind auch wirklich großartige Gaben, die uns bei der Geburt mit auf den Weg gegeben werden. Dank dieser Geschenke kann jedes Kind heranwachsen. Man betrachte nur einmal die Wuchskraft, die im Körper eines Babys steckt: In kürzester Zeit verdoppelt es sein Gewicht! Außerdem ermöglichen es uns diese Gaben, die Natur, die Tiere und die Liebe um uns herum in unserer Kindheit und auch später noch zu genießen. Auch verleihen uns diese Gaben Gottes die Kraft, unseren eigenen Weg im Leben zu finden. Das war es, was ich aus dieser ersten Zeile herausgelesen habe: »Aus dem Gotte sind wir geboren.«

Doch irgendwann in Ihrem Leben kann es passieren, dass es um Sie herum und in Ihnen selbst dunkel wird. Verlust, Ängste, Unverständnis und so weiter machen Sie einsam und rauben Ihnen Ihr Selbstvertrauen und Ihr Selbstwertgefühl. Dann kann es so finster werden, dass Sie das Gefühl haben, Sie würden daran zugrunde gehen und sterben: »In dem Christus sterben wir.« Wenn Sie aber trotzdem versuchen, inmitten der Dunkelheit den Glauben zu bewahren, dass Sie nicht allein sind, und dass es eine unsichtbare, geistige Hilfe gibt, kann es geschehen, dass Sie langsam wieder einen Ausweg aus Ihrer Bedrängnis finden. Von diesem Glauben geleitet, werden Sie Schritt für Schritt einen neuen Lebensweg, eine neue Lebensweise, finden.

Wenn Sie dann später auf diese Lebensphase zurückblicken, werden Sie erkennen, dass das Durchleben dieser Finsternis Sie zu neuen und höheren Erkenntnissen geführt hat. Mit anderen Worten: Sie werden entdecken, dass der Geist Ihnen ein völlig neues Leben geschenkt hat, durch die Finsternis hindurch: »Durch den Heiligen Geist werden wir auferstehen.«

Dieser Spruch sagt jedoch auch etwas über die Entwicklung der Menschheit als Ganzes aus, wie ich später herausgefunden habe. Auch die Menschheit geht nämlich in ihrer Entwicklung durch die tiefste Finsternis. Sie verstrickt sich mehr und mehr in der Welt der Materie und verliert allmählich ihre Empfindsamkeit und Feinfühligkeit. Dadurch verliert sie aber auch die Verbindung zur geistigen Welt und wird zu einem wandelnden Kopf. Infolgedessen fällt der Mensch tiefer und tiefer in eine geistige Leere, die vielen ein spürbares Gefühl der Sinnlosigkeit vermittelt. In unserer heutigen Zeit sind diese Leere und dieses Gefühl der Sinnlosigkeit für viele sogar lebensbestimmend. Dies führt dazu, dass viele Menschen aus dem Leben aussteigen und den Freitod wählen. Die Tatsache, dass die Zahl der Suizide unter jungen Menschen nun schon seit Jahren ansteigt, sollte uns zum Nachdenken anregen: Woran liegt es, dass immer mehr junge Menschen keinen anderen Ausweg mehr als den Suizid sehen?

Wenn man diese Zahlen und Fakten betrachtet, könnte man sagen, dass wir heute in einer Welt leben, die zunehmend von diesen wenigen Worten geprägt ist: »In dem Christus sterben wir.« Es ist ein Gefühl der Sinnlosigkeit und damit der geistigen Finsternis, das nur noch immer weiter zuzunehmen scheint.

Doch zugleich gibt es im Stillen und Verborgenen eine wachsende Zahl von Menschen, die aufwachen und sich der geistigen Welt und des Weiterlebens nach dem Tod im Jenseits auf eine neue Weise, von innen heraus, wieder bewusst annähern. Sie gewähren uns bereits einen Ausblick auf das neue Zeitalter, das anbrechen wird, und für das die folgenden Worte kennzeichnend sind: »Durch den Heiligen Geist werden wir auferstehen.«

Die Entdeckung des Rosenkreuzerspruchs

Faszinierend ist, wie der Rosenkreuzerspruch entdeckt wurde. Im Jahr 1604 stieß man in einem unterirdischen Tempel der Rosenkreuzer auf das Grab von Christian Rosenkreutz.[38] Bei Restaurierungsarbeiten fand man hinter einer Kupfertafel mit den Namen der Brüder, die in dieser Gemeinschaft gelebt hatten und dort verstorben waren, eine Tür. Dahinter befand sich ein besonderer Raum: Es stellte sich heraus, dass es sich um eine Grabkapelle handelte. Über der Tür dieser Grabkapelle stand geschrieben: »Nach 120 Jahren werde ich geöffnet werden.«

In der Grabkapelle stand ein Altar. Auf der Bronzeplatte, die ihn bedeckte, befanden sich die Worte: »Jesu mihi omnia« (»Jesus ist mein Ein und Alles«). Unter dem Altar lag der Leichnam von Christian Rosenkreutz begraben: Er war 1484, also genau 120 Jahre zuvor, verstorben. Sein Körper war noch völlig unversehrt (was bei hohen Eingeweihten häufiger vorkommt). In seiner Hand hielt er ein Büchlein. Die Schlussworte in diesem Büchlein lauten: »Ex Deo Nascimur, In Jesu Morimur, Per Spiritum Reviviscimus«.

Rudolf Steiner hat diesen Text übrigens leicht abgewandelt: *Ex Deo Nascimur, In Christo Morimur, Per Spiritum Sanctum Reviviscimus.*

(Anstelle von »Jesus« schrieb er »Christus«; außerdem fügte er dem »Geist« das Attribut »Heilig« hinzu).

Nicht von ungefähr war für Rudolf Steiner der Rosenkreuzerspruch so wichtig: Er betrachtete die Erkenntnisse, die er selbst weitergeben durfte, als eine Fortsetzung der alten Rosenkreuzer-Weisheit in neuer Form. Auch daran können wir seine tiefe und stetig wachsende Verbundenheit mit Johannes (dem späteren Christian Rosenkreutz) ablesen.

7.

Der größte Märtyrer unter den Menschen

Das bevorstehende Martyrium des Christian Rosenkreutz

Rudolf Steiner hat einmal über Christian Rosenkreutz gesagt, er werde der größte Märtyrer aller Zeiten unter den Menschen sein.[39] Er fügte nur eine Ausnahme hinzu: »... abgesehen von dem Christus, der gelitten hat als ein Gott.« Das ist eine weitreichende Aussage, die nicht nur etwas über das Leiden von Christian Rosenkreutz aussagt, sondern auch über dessen geistige Größe, denn nur die (aus geistiger Sicht) allergrößten Menschen werden in einem Maße leiden, wie einst der Christus gelitten hat.

Es ist auffallend, dass Rudolf Steiner von der Zukunft spricht: Christian Rosenkreutz wird in der Zukunft – also in einer späteren Inkarnation – der größte Märtyrer der ganzen Menschheitsgeschichte werden. Nun lebte Christian Rosenkreutz von 1378 bis 1484. Rudolf Steiner machte diese Aussage über Christian Rosenkreutz' zukünftigen Märtyrertod jedoch im Jahr 1912.[40] Rudolf Steiners Aussage bezieht sich also auf ein Leben, das auf diese Aussage folgen wird, die er zu Beginn des 20. Jahrhunderts gemacht hat. Diese nächste Inkarnation, auf die Rudolf Steiner anspielt, könnte also bereits vergangen sein. Wahrscheinlicher ist jedoch, dass diese Inkarnation noch bevorsteht.

Übrigens ist Rudolf Steiners Aussage über das bevorstehende

Martyrium von Christian Rosenkreutz sehr bemerkenswert. Jeder, der sich auch nur im Geringsten für Geschichte interessiert, weiß, dass es in ihr von Märtyrern nur so wimmelt. Die ersten Christen wurden oft auf grausame Weise gefoltert und getötet. So wurde beispielsweise Johannes vor den Toren Roms in einen Bottich mit kochendem Öl geworfen, Andreas wurde kopfüber – mit dem Kopf nach unten – gekreuzigt, und Nathaniel wurde zu Tode gepeitscht. Die Geschichtsbücher sind also voll von Märtyrern.

Das Wort »Märtyrer« stammt vom griechischen Wort »martys« ab und bedeutet »Zeuge«. Ein Märtyrer ist also jemand, der wegen seines (religiösen) Zeugnisses oder wegen seiner Ansichten getötet wird. In den Niederlanden wurden in der Vergangenheit sowohl Katholiken als auch Protestanten wegen ihres Glaubens getötet. Denken Sie zum Beispiel an die 19 römisch-katholischen Priester aus Gorcum, die im 16. Jahrhundert gehängt und verbrannt wurden. Denken Sie aber auch an jemanden wie den protestantischen Ketzer Jan de Bakker, der 1525 wegen seines Glaubens auf dem Scheiterhaufen verbrannt wurde.

Die Märtyrer wurden im Laufe der Jahrhunderte oft auf grausame Weise hingerichtet. Jan de Bakker beispielsweise wurde nicht nur auf dem Scheiterhaufen verbrannt. Er wurde auch erdrosselt, da sein Hals während der Verbrennung mit einem Stahlband zugezogen wurde. Schließlich wurde er in die Luft gesprengt, als das Feuer einen Beutel mit Schießpulver auf seiner Brust erreichte.

Übrigens ist das Martyrium nicht nur eine Sache der Vergangenheit: Märtyrer gibt es auch in der Gegenwart. Denken Sie zum Beispiel an die Menschen, die extremistischen Anschlägen zum Opfer fallen, wie zum Beispiel Theo van Gogh, der wegen seiner Ansichten ermordet wurde.

Es ist also gewiss ein hartes Schicksal, das Christian Rosenkreutz bevorsteht.

Ein Aufruf zur Besinnung

Von all diesen Märtyrern wird Christian Rosenkreutz der Größte sein. Rudolf Steiner hat auch angedeutet, worin sein Leiden bestehen wird. Es wird darin resultieren, so erklärte er, dass die Menschen zu selten dazu kommen, in ihre eigene Seele zu blicken, um mehr und mehr nach der sich entwickelnden Individualität zu suchen.[41] Mit anderen Worten, die Menschen werden sich weigern, Innenschau zu halten, um Selbsterkenntnis zu gewinnen und infolgedessen dann an sich selbst zu arbeiten. Das ist eine Aussage, über die es sich lohnt nachzudenken, gerade in der heutigen Zeit, in der Christian Rosenkreutz vielleicht bereits reinkarniert ist und unerkannt in unserer Mitte lebt.

Wenn dem so ist, wird er sicherlich unter der geistigen Leere unserer heutigen Zeit leiden. Oder darunter, dass so viele Menschen zwar ihr Ego und ihre Ego-Kräfte entwickeln, nicht jedoch die geistigen Kräfte ihres höheren Selbst und des Christusgeistes. Aufgeblähten Egos begegnen wir immer häufiger. Die Menschen geraten außerdem häufiger aneinander, weil sie sich durchsetzen wollen. Kompromisse, bei welchen man einen Teil seiner egoistischen Bedürfnisse loslassen muss, werden immer komplizierter und führen zu mehr und mehr Konflikten. Der wiedergekehrte Christian Rosenkreutz – bzw. der wiedergekehrte Johannes – mit seiner großen Feinfühligkeit wird daher immer mehr unter der zunehmenden Verhärtung, Gleichgültigkeit und dem Egoismus der Menschen leiden.

Wollte Rudolf Steiner uns mit seiner Aussage über das Leiden, das Christian Rosenkreutz in seinen zukünftigen Inkarnationen erwartet, warnen und uns dazu bringen, den Blick nach innen zu wenden und uns in Selbsterkenntnis zu üben? Möchte er uns mit dieser Aussage dazu bringen, uns zu fragen, inwieweit wir selbst zu diesem Leben in zunehmender Abgestumpftheit, Aggression und Selbstsucht beitragen?

Wie wir Christian Rosenkreutz unterstützen können

Natürlich müssen wir in unserer jetzigen Inkarnation unsere Individualität entfalten. Und damit die Kraft unseres Ichs bzw. die Kraft unseres niederen und höheren Ichs. Das ist nun einmal unsere Aufgabe in diesem Stadium der menschlichen Entwicklung. Das bedeutet, dass wir lernen müssen, uns stärker in unserem eigenen Wesenskern zu verankern. Mit anderen Worten, wir müssen lernen, für uns selbst einzustehen und unsere Grenzen zu bewahren.

Doch wenn wir nicht zugleich auch unsere höheren geistigen Kräfte – und somit die Kräfte des Mitgefühls, der Liebe und der Solidarität – weiterentwickeln, werden diese Ego-Kräfte uns dominieren und zunehmend die Grundstimmung in der Gesellschaft bilden. Wir können also sagen: Wenn nicht jeder von uns persönlich beginnt, sich der Stärkung seiner höheren geistigen Kräfte zu widmen, werden auch wir zum Leid des wiedergekehrten Christian Rosenkreutz beitragen. Vergessen Sie nicht, dass ein hoher Eingeweihter wie er eine hoch entwickelte Sensibilität oder besser gesagt eine für uns unvorstellbare Feinfühligkeit besitzt, die dazu führt, dass er unter der zunehmenden Abstumpfung, Aggression und Selbstsucht weit mehr leidet als jeder andere Mensch.

Ich kann das Ganze vielleicht am besten so zusammenfassen: Christian Rosenkreutz wird als hoher Eingeweihter in seiner nächsten Inkarnation erleben, dass sich die meisten Menschen in eine negative Richtung entwickeln, indem sie sich nur auf ihre wachsenden Ego-Kräfte konzentrieren und dabei die Entwicklung ihrer höheren geistigen Kräfte vernachlässigen. Das wird dazu führen, dass sie sich fortan so entfalten, dass sie nicht mehr vom kosmischen Christus geführt und inspiriert werden, sondern von dunklen, geistigen Kräften. Rudolf Steiner nennt diese Mächte Luzifer und Ahriman. In der Bibel werden sie als Teufel und Satan bezeichnet.

Der wiederkehrende Christian Rosenkreutz wird also heftig unter der Fehlentwicklung leiden, die er um sich herum wahrnimmt. Er sieht sie, aber er wird sie nicht ändern können, denn die Menschen haben von Gott die Freiheit erhalten, ihre eigenen Entscheidungen zu treffen und die Verantwortung für ihre persönliche Entwicklung zu übernehmen. Es ist ein Leiden, das er mit niemandem teilen kann, und das immer schwerer und schmerzhafter zu ertragen ist, je mehr Menschen er sieht, die sich in die falsche Richtung entfalten. Es ist das Leiden, von dem Rudolf Steiner sagt, dass es ihn zum größten Märtyrer aller Zeiten machen wird. Geistiges Leiden ist in manchen Fällen – so seltsam es vielleicht auch klingen mag – schwerer zu ertragen als jeder körperliche Schmerz.

Als Sergej Prokofieff (ein überzeugter Anhänger Rudolf Steiners, geboren 1954 und gestorben 2014) über das zukünftige Leiden von Christian Rosenkreutz spricht, bringt er es mit folgender Aussage auf den Punkt: »Warum ist er ein solch großer Märtyrer? Weil ganz viele Menschen heute nichts mehr von der geistigen Welt wissen wollen.«[42]

Christian Rosenkreutz‘ Einweihung in Gut und Böse

Christian Rosenkreutz erhielt 1459 eine hohe Einweihung von Mani, einem der größten Eingeweihten, der beispielsweise auch der Lehrer von Buddha und Zarathustra war.[43] Mani erteilte ihm eine Einweihung in die manichäischen Mysterien, auch die Mysterien von Gut und Böse genannt.[44] Dies ist eine besondere Einweihung, die nur ein sehr hoher Eingeweihter durchstehen kann. Valentin Andreae hat sie ausführlich und in einer für den heutigen Menschen nicht mehr so leicht verständlichen, bildhaften Sprache beschrieben, die ein entsprechendes Studium erfordert.[45]

Christian Rosenkreutz hat diese Einweihung mit einer bestimmten Absicht erhalten. Und zwar deshalb, weil es unsere Aufgabe in der gegenwärtigen Kulturperiode ist (die 1413 begann und bis 3573 andauern wird), Erkenntnis über Gut und Böse zu gewinnen. Christian Rosenkreutz durfte uns das dank seiner Initiation vorleben.

In der Tat befinden wir uns derzeit mitten in diesem Prozess. Die vielen Übel, die uns in der heutigen Zeit heimsuchen, sollen dazu führen, dass wir lernen, die Finsternis zu ergründen und (besser) mit ihr umzugehen. Letztlich ist sogar beabsichtigt, dass wir lernen, das Böse in Gutes zu verwandeln. Er, der große Eingeweihte Christian Rosenkreutz, musste uns vorleben, wie man Böses in Gutes überführen kann. Wenn auch nur ein einziger Mensch diese Erkenntnis erlangt hat, können alle anderen Menschen ihm auf diesem Weg der Erkenntnis folgen.

Bei seiner manichäischen Einweihung lernte Christian Rosenkreutz zuerst, das Böse nicht zu verurteilen oder abzulehnen, sondern es in sich aufzunehmen und es in seinem eigenen Inneren zu transformieren. Das ist keine geringe Leistung! Er hat nicht nur das Böse in sich absorbiert, das ihm persönlich widerfahren ist, sondern vor allem auch das, das die Menschen der Erde und der Menschheit antun. Vergegenwärtigen Sie sich, was das bedeutet: Es sagt aus, dass er nicht zurückschlägt, dass er nicht wütend wird auf Gott oder auf andere Menschen oder was auch immer, sondern dass er in sich selbst, in seinem Inneren, all das Böse aufnimmt, verarbeitet und nach und nach in Gutes verwandelt. Diese Aufgabe bezog sich insbesondere auf die geistige Leere seiner Zeit.

Selbstverständlich sind nur die höchsten Eingeweihten zu einer solchen Transformation fähig. Doch auch wir werden dies eines Tages lernen müssen. In diesem Leben können wir den Grundstein für eine solche Entwicklung legen. Die Lebenslektionen, mit welchen jeder und jede von uns in dieser Zeit bedacht wird, sind mit dieser Aufgabe verbunden, d. h. mit der Erkenntnis von Gut und Böse.

Unser Karma aus Liebe ertragen

Für unsere meditative Betrachtung von Gut und Böse ist es wichtig, immer wieder über die Aussage von Sergej Prokofieff nachzudenken, dass das Karma, das Christian Rosenkreutz auf sich nehmen wird, damit zu tun hat, dass so viele Menschen nichts von der geistigen Welt wissen wollen.[46]

Eine solche Überlegung zeigt uns, dass die Folgen des Lebens eines Menschen, der jeden Gedanken an die geistige Welt ablehnt, erheblich sind. Eine solche Einstellung schadet nicht nur dem Planeten Erde, sondern wirkt sich auch negativ auf das Lebewesen aus, das die vereinte Menschheit bildet. Deshalb ist die Leistung von Christian Rosenkreutz – die Transformation der Folgen dieses geistlosen Denkens, d. h. des Karmas – heilsam für die Erde und für die Menschheit. Ohne diese Hilfe wäre die Erde bereits in einem viel schlechteren Zustand als sie es jetzt ist.

Wie aber kann Christian Rosenkreutz diese geistige Leere in sich aufnehmen und in seinem Inneren transformieren? Er wird von der Liebe bewegt! Nicht etwa von irgendeiner Liebe, sondern von der höchsten Form der Liebe, zu der wir Menschen eines Tages heranwachsen werden, zu der wir aber noch lange nicht fähig sind. Erinnern wir uns daran, dass Johannes der Apostel der Liebe war. Diese Liebe bildet die stille Kraft, die ihn befähigt, das Karma der Menschen in einem künftigen Leben zu tragen.

Vor diesem Hintergrund ist es verständlich, dass beide Meister, sowohl Christian Rosenkreutz als auch Rudolf Steiner, in der heutigen Zeit den dringenden Appell an uns richten, ihnen zu folgen und sie zu unterstützen. Sei es, dass wir uns der geistigen Welt bewusst werden wollen, sei es, dass wir z. B. ein Studium beginnen wollen, um Einblick in die Geheimnisse von Leben und Tod, von Reinkarnation und Karma, von der Engelwelt und vom Aufbau des

Menschen zu erhalten. Es geht nicht nur darum zu erkennen, dass es eine geistige Welt gibt, sondern auch darum, Einblick in sie und die vielen großen Geheimnisse zu gewinnen, die mit ihr verbunden sind.

Es erfordert ein Studium

Bereits im 15. Jahrhundert hatte Christian Rosenkreutz darauf hingewiesen, dass in der heutigen Zeit ein Studium notwendig sein wird, um ein Eingeweihter zu werden und zu lernen, mit dem Bösen auf die richtige Weise umzugehen. Er nennt das Studium sogar den ersten Schritt auf dem Weg der Einweihung. Das Wort »Studium« klingt allerdings sehr anstrengend und, wie Rudolf Steiner sagt, ziemlich schulmeisterlich. Doch, so sagt er, bedeutet es nicht Akademismus. Um eingeweiht zu werden, muss man nicht studiert sein. Das Studium, um das es hier geht, muss man anders verstehen.[47] Doch wie?

Es bedeutet, dass man ein anderes, höheres oder spirituelles Denken anstreben will. Im gewöhnlichen Leben denken wir hauptsächlich über Dinge oder Ereignisse nach, die wir mit unseren Sinnen wahrnehmen können. Nun soll es darum gehen, sagt Christian Rosenkreutz, ein ausgesprochen klares, logisches Denken zu entwickeln, das sich aber nicht auf die sinnlich wahrnehmbare Welt konzentriert, sondern auf die geistige Realität, auf die geistige Welt. Dieses klare Denken bezieht sich beispielsweise auf die Erfahrung, dass es keine Zufälle gibt, sondern dass die Ereignisse, die einem widerfahren, einen tieferen Sinn besitzen. Das bedeutet, innerlich offen für spirituelle Erfahrungen zu sein und sie nicht wegzurationalisieren. Das gilt etwa für eine Botschaft, die Ihnen ein Verstorbener übermittelt, für eine Nahtod-Erfahrung, die Nähe eines Engels, die Sie plötzlich erleben können, oder für einen luziden Traum, in dem Sie eine Botschaft erhalten. Über solche Erlebnisse nachzudenken, jedoch nicht abgehoben oder euphorisch, sondern nüchtern und logisch – darum geht es.

Ein solches Studium ist das der geistigen Wirklichkeit. Dabei hat man es mit geistigen Welten zu tun, die anders aufgebaut sind als die sinnlich wahrnehmbare Welt, die Erde. Letztere ist eine Welt, die wir mit den Ohren und Augen unseres physischen Leibes hören und sehen. Mit der geistigen Welt verhält es sich anders. Aber wie genau gestaltet sich denn ein solches Studium der geistigen Realität?

Nehmen wir als Beispiel eine Nahtod-Erfahrung: Man kann sie nicht mit dem gesunden Menschenverstand beweisen oder erklären. Wenn Sie jedoch geübt sind, spirituell zu denken, wenn Sie sich Gedanken über den Aufbau des Menschen machen und logisch über den Sterbeprozess nachdenken, werden Sie Antworten finden. Dann werden Sie etwa entdecken, dass sich bei einer Nahtod-Erfahrung drei Wesensglieder des Menschen – sowohl der Ätherleib als auch der Astralleib bzw. die Seele und das Ich bzw. der Geist – vom physischen Leib lösen.[48]

Sie werden auch entdecken, dass diese drei (wie ich bereits erwähnt habe) durch die Silberschnur mit dem zurückbleibenden physischen Leib verbunden bleiben. Solange diese Silberschnur intakt bleibt, können diese drei losgelösten Wesensglieder wieder in den physischen Leib zurückkehren und sich erneut mit ihm verbinden. Dies ermöglicht es dem Betreffenden, das Bewusstsein wiederzuerlangen (siehe auch Kapitel 5, S. 46f.). Doch bevor man diesen Vorgang verstehen kann, muss man über den Aufbau des Menschen nachgedacht haben und zu der Erkenntnis gelangt sein, dass der Mensch mehr ist als ein physischer Leib und auch eine Seele und einen Geist besitzt.

Dieses Wissen um den Aufbau des Menschen (siehe Seite 145) ist geistiges Denken, denn man kann dieses Wissen nicht mit den Sinnen des Körpers ergründen und beweisen, wohl aber mit logischem Denken. Wenn wir solch ein klares spirituelles Denken entwickeln, begeben wir uns auf einen Schulungsweg, der uns Schritt für Schritt zu einem höheren Verständnis führen wird. Mit solch spirituellem Denken und durch das Beschreiten des Schulungsweges, wie ihn sowohl Christian Rosenkreutz als auch Rudolf Steiner beschrieben haben, können wir das Leiden der beiden Meister lindern und mittragen.

8.

Ein Anschlag auf Rudolf Steiner

Die Verfinsterung der feinstofflichen Welt

Ich vermute, dass Rudolf Steiners Aussage über das Martyrium von Christian Rosenkreutz auch für ihn selbst gilt, so kann man auch Rudolf Steiner als einen großen Märtyrer der Menschheit ansehen. Das wird sicher für eine zukünftige Inkarnation gelten, wahrscheinlich aber galt es auch schon für sein Leben als Rudolf Steiner.

Er und Christian Rosenkreutz (und damit der wiedergekehrte Johannes) arbeiteten, wie wir bereits gesehen haben, eng zusammen. Sie teilten nicht nur ihre Liebe zu Christus, sondern auch ihre Begeisterung für das esoterische Christentum. Und drittens teilten sie auch ihre Liebe zur Menschheit, zu ihren Brüdern und Schwestern. Diese Liebe bewegte sie, immer wieder auf die Erde hinabzusteigen, um ein neues Leben zu beginnen, auch wenn dies das Risiko einer erneuten Märtyrerschaft in sich barg. Doch, und das ist ein weiterer Aspekt ihrer Freundschaft, sie teilten auch das Leid, das sie freiwillig auf sich nahmen, um ihren Brüdern und Schwestern helfen zu können.

Wir haben festgestellt, dass das Karma, das Christian Rosenkreutz auf sich genommen hat, aus der Tatsache resultiert (oder resultieren wird), dass es immer mehr Menschen gibt, die von einer geistigen Welt nichts wissen wollen. Diejenigen, die so leben, verfinstern nach ihrem Tod die geistige Sphäre der Erde. Denn in der untersten geistigen bzw. ätherischen Welt, welche die Erde wie eine Hülle umgibt, lässt jeder Mensch nach seinem Tod seinen Ätherleib zurück, so wie wir auch unseren physischen Leib auf der Erde hinterlassen. Damit bleiben auch die Kräfte des sich auflösenden Ätherleibs in dieser Welt zurück. Das heißt, mit diesen Kräften hinterlässt der Verstorbene auch seine Denkweise und damit sein Unverständnis und seine Ablehnung der geistigen Welt in der ätherischen Welt. Dies sind jedoch Energien, die der ätherischen Welt fremd sind, was sie zunehmend verdunkelt. Das hat erhebliche Auswirkungen auf die Erde. Denn je mehr die ätherische Welt verdunkelt wird, desto negativer wirken die Kräfte aus dieser Welt auf das irdische Leben ein.

Daher sind Opfer nötig, wie sie Christus vor 2000 Jahren gebracht hat: Mit seinem Tod am Kreuz hat er die feinstoffliche Welt von ihrer Finsternis befreit. In der nachchristlichen Zeit hat die Verfinsterung erneut eingesetzt. Deshalb waren neue Opfer nötig. Nicht nur ein neues Opfer von Christus (über das ich in einem späteren Kapitel mehr erzählen werde), sondern auch von seinen Anhängern, wie Christian Rosenkreutz (der wiedergekehrte Johannes) und Rudolf Steiner. Ohne diese Opfer wäre die Erde schon viel weiter heruntergekommen als sie es heute ist. Das ist das Neue an unserer Zeit: Die Tatsache, dass Christus jetzt die Hilfe von Menschen benötigt, um die Erde und die Menschheit zu retten. Allein darüber könnte man schon ein ganzes Buch schreiben. Fazit: Gerade weil Christus der Menschheit die Freiheit gebracht hat, wird sie nun auch lernen müssen, selbst die Verantwortung für die Erde und die gesamte Menschheit zu übernehmen. Deshalb kann Christus nicht mehr wie bisher alle Finsternis wegnehmen, sondern braucht dazu unsere Hilfe.

Oft denken wir, dass der Klimawandel durch menschliches Handeln auf der physischen Ebene verursacht wird, etwa durch Stickstoffemissionen und so weiter. Das ist natürlich richtig. Doch

Christian Rosenkreutz und Rudolf Steiner wussten es besser: Der Klimawandel wird auch und vor allem dadurch verursacht, dass immer mehr Menschen die geistige Welt leugnen und vom Geist nichts wissen wollen. Sie wollen nichts mehr von unserer Seele oder unserem Geist wissen. Nichts von einem Weiterleben nach dem Tod, nichts von Engeln, die den Verlauf des menschlichen Lebens auf der Erde behüten und begleiten. Als Folge dieser Verleugnung hinterlassen sehr viele nach ihrem Tod negative Energien in der ätherischen Welt – und eben diese Energien sind es, die die Erde schädigen und zerstören und das Klima belasten.

Woran es beim Leiden Christi noch mangelt

Im Brief des Paulus an die Kolosser (1,24) drückt Paulus seine Freude über sein Leiden aus. Das ist erstaunlich und im Grunde genommen unerhört: Welcher Mensch freut sich schon und ist dankbar für das Leid, das er ertragen muss? Paulus drückt es folgendermaßen aus: »Nun freue ich mich in meinem Leiden, das ich für euch leide, und erstatte an meinem Fleisch, was noch mangelt an Trübsalen in Christo.«[49]

Dies ist ein rätselhafter Text, den ich jahrelang nicht verstehen konnte, der mich aber ständig faszinierte. Ich konnte spüren, dass sich hinter diesen Worten eine besondere Erkenntnis verbirgt. Doch welche?

Die geläufige Bibelübersetzung verwendet eine etwas andere Übersetzung. Dort ist von einer noch ausstehenden Vervollständigung der Leiden Christi die Rede. Das warf bei mir die Frage auf: »Was fehlt denn noch am Leiden Christi, das offenbar der Hilfe von Paulus und vielleicht sogar noch von anderen bedarf?« Jetzt verstehe ich es: Das hat alles mit der erneuten Verfinsterung der feinstofflichen Welt zu tun, die seit dem Tod Jesu Christi am Kreuz eingetreten ist.

Es gab Hellseher, die wahrnehmen konnten, was in der ätherischen Welt (die die Erde wie eine Hülle umgibt) beim Tod Jesu Christi geschah: Sie sahen, dass diese Welt langsam aufzuleuchten begann, bis sie strahlend hell geworden war. Das lag an den Blutstropfen, die aus den Kreuzeswunden Jesu Christi in die Erde tropften. Nun ist unser Blut Träger unserer Geisteskraft. Das bedeutet, dass aus den Blutstropfen Jesu Christi die hohe Christusenergie freigesetzt wurde, die nicht nur auf die Erde, sondern auch auf die ätherische Welt einwirkte und diese reinigte. Wir können also sagen, dass Jesus Christus mit seinem Blut, das er bei seinem Tod am Kreuz vergossen hat, das Karma der Menschen auf sich genommen und es gesühnt hat – und zwar das Karma (oder jenes Handeln), mit dem sie die ätherische Welt nach ihrem Tod verdunkelt hatten.

Doch jetzt, so viele Jahrhunderte später, nimmt die Finsternis in der ätherischen Welt wieder deutlich zu. Hauptsächlich deshalb, weil eine wachsende Zahl von Menschen nach dem Tod ihre Verleugnung und ihr Unverständnis für die geistige Welt in der ätherischen Welt zurücklässt und diese mehr und mehr verschmutzt. Deshalb braucht Christus Menschen wie Paulus und andere große Meister, die fähig sind, dieses Karma in sich aufzunehmen und umzuwandeln, in Nachahmung dessen, was Christus tat. Sie leiden unter der Verleugnung der geistigen Welt und nehmen die Konsequenzen auf sich, um sie in ihrem eigenen Inneren zu transformieren. Damit tragen sie dazu bei, die Erde und die Menschheit vor einem vorzeitigen Untergang zu bewahren.

Es ist schon großartig, dass bedeutende Meister wie Paulus, Christian Rosenkreutz und Rudolf Steiner mit ihrem Leiden die Erde vor einem vorzeitigen Untergang bewahren![50]

Doch auch Christus selbst hat diese Finsternis wieder auf sich genommen, um sie in Licht zu verwandeln: Im 19. Jahrhundert stieg er in die ätherische Welt hinab, um von dort aus den Menschen erscheinen zu können. Doch als er in diese – inzwischen wieder verdunkelte – Welt hinabgestiegen war und die Finsternis auf sich nahm, erlitt er eine Art Erstickungstod. Dies wird als eine Wiederholung des Opfers auf Golgatha bezeichnet, allerdings in der feinstofflichen Welt.[51]

Objektives und subjektives Karma

Bevor wir uns näher mit dem Karma beschäftigen, das Rudolf Steiner auf sich genommen hat, und uns mit seinem Leiden befassen, richten wir unsere Aufmerksamkeit zunächst auf die beiden Formen von Karma, die wir unterscheiden können. Es gibt nämlich zwei Formen: das objektive und das subjektive Karma.[52]

Letzteres besteht aus dem Bösen, das wir einem anderen angetan haben, und das uns vielleicht schon in diesem Leben, auf jeden Fall aber nach unserem Tod in der Astralwelt (die auch »Kamaloka« genannt wird) bewusst werden wird.[53] Dort, im Kamaloka, werden wir es sogar als Gnade empfinden, dass wir dieses Böse bzw. dieses Karma in einem späteren Leben begleichen dürfen.

Aber mit dem Bösen, das wir einem anderen angetan haben, haben wir auch der Erde geschadet und die Menschheit als Ganzes verletzt. Die Erde und die Menschheit sind durch unsere Untaten ein Stück weit hässlicher geworden, könnte man sagen. Dieses Karma, das sogenannte objektive, können wir nicht selbst wiedergutmachen. Doch wenn diese Schäden an der Erde und der Menschheit nicht wieder behoben werden, wird die Erde schließlich untergehen und die Menschheit sterben. Deshalb ist es so wichtig, dass Paulus und die großen Meister demjenigen, dem ihre ganze Liebe gilt, Christus, helfen, dieses Karma zu tragen und auf sich zu nehmen.

Der Anschlag auf Rudolf Steiner

Worin aber bestand das Leiden Rudolf Steiners? Es beruhte auch bei ihm, wie wir bei Christian Rosenkreutz gesehen haben, auf dem objektiven Karma anderer, das er freiwillig auf sich genommen hatte. Er äußerte sich sehr offen darüber, wie es dazu kam, und wie und warum er dieses Karma anderer auf sich nahm. Doch um das zu verdeutlichen, müssen wir uns zunächst einmal mit dem turbulenten Jahr 1923 befassen.

Am Ende jenes Jahres, an Weihnachten 1923, gründete Rudolf Steiner die heutige Allgemeine Anthroposophische Gesellschaft. Eine Anthroposophische Gesellschaft gab es zwar schon vorher, doch sie war eher eine lose Ansammlung von regionalen Gruppen aus verschiedensten Ländern, die von Dornach aus geführt wurden. Rudolf Steiner war formell nicht an diese alte Gesellschaft gebunden: Er war weder ihr Generalsekretär noch Vorstandsmitglied, noch hatte er sonst eine Position inne. Er hielt »lediglich auf Einladung« der Vereinigung Vorträge vor deren Mitgliedern.

So ging es jahrelang weiter. Doch um die Jahreswende 1922/1923 geschah etwas Tiefgreifendes, das auch Rudolf Steiner bis in seinen physischen Körper hinein traf: Das erste Goetheanum brannte ab. Das außergewöhnliche Gebäude war von Rudolf Steiners Anhängern auf seine Anweisungen hin in Dornach bei Basel erbaut und erst kurz zuvor, im Jahr 1920, eingeweiht worden. Dieses einzigartige Gebäude, das auf jeden Besucher einen tiefen Eindruck machte, verströmte die Atmosphäre eines modernen Tempels, der den zeitgenössischen Mysterien gewidmet war. Es hatte eine dreifache Funktion: »Hochschule, Theater und ein Ort, an dem sich die Seele zum Göttlichen erheben konnte«.[54]

Das Gebäude war zum Zeitpunkt des Brandes noch nicht einmal vollständig fertiggestellt und in jahrelanger, fleißiger Arbeit von vielen Freiwilligen aus vielerlei Ländern errichtet worden. Sogar während des Ersten Weltkriegs (1914–1918) war intensiv an diesem Gebäude gearbeitet worden. Dabei geschah etwas Außergewöhnliches. Wie bereits erwähnt, befand sich die Baustelle unweit der deutsch-französischen Grenze, also in unmittelbarer Nähe zweier Länder, die gegeneinander Krieg führten. Man konnte in jenen Jahren in Dornach den wechselseitigen Kanonendonner (im Elsass, nördlich von Dornach) hören. Doch in Dornach selbst errichteten Franzosen, Deutsche und Menschen anderer Nationalitäten, die am Krieg beteiligt waren, gemeinsam und ohne jegliche Feindseligkeit dieses bemerkenswerte Gebäude. Hier zeigt sich ein wichtiges Grundmuster im Lebenswerk Rudolf Steiners: Es verbindet die Menschen, anstatt sie zu trennen, es vereint sie, anstatt sie zu spalten.

Dann geschah das Unfassbare: In der Silvesternacht des Jahres 1922/1923 brannte dieses einzigartige Gebäude bis auf die Grundmauern nieder. Die Ursache war Brandstiftung. Ein Feuer, das von Menschen gelegt worden war, die mit den Erkenntnissen Rudolf Steiners nicht einverstanden waren und diese sogar als gefährlich erachteten. Dieser Anschlag war übrigens kein Einzelfall: Auch in München wurden von nationalistischen Studenten Terrorakte gegen Rudolf Steiner verübt. Der Brand am Goetheanum war im Grunde auch ein Anschlag auf Rudolf Steiner selbst.

Über das Folgende, was ich nun hier schreiben möchte, habe ich lange nachgedacht: Es ist nicht etwas, was man sofort verstehen kann, sondern was mir nach langem Nachdenken klar geworden ist. Das erste Goetheanum – heute steht an dieser Stelle das zweite Goetheanum – war aus den ätherischen Kräften Rudolf Steiners selbst hervorgegangen: Seine Kreativität, seine Gedankenkraft, seine Begeisterung und sein uneingeschränktes Mitwirken an dessen Bau hatten die Entstehung dieses Gebäudes möglich gemacht. Doch dabei handelte es sich um Kräfte, die von seinem Ätherleib ausgingen. Er hat sozusagen die Kräfte seines Ätherleibes geopfert, um dieses Schöpfungswerk möglich zu machen.

Ita Wegman hat dieses Geheimnis wie folgt beschrieben: »… das Goetheanum, es war das verdichtete Wort Rudolf Steiners, und sein eigener Ätherkörper war mit dem Kunstwerk verwachsen, war untrennbar mit ihm verbunden.«[55]

Nun aber, in der Silvesternacht von 1922 auf 1923, wurde dieses Schöpfungswerk in wenigen Stunden vernichtet. Das bedeutete zugleich auch einen Anschlag auf den Ätherleib Rudolf Steiners, der seither erheblich geschwächt war. Letztendlich wurde dieser Anschlag mitverantwortlich für seinen Tod etwas mehr als zwei Jahre später, am 30. März 1925. Damit wird noch deutlicher, warum der Brand des ersten Goetheanums zugleich auch ein Attentat auf das Leben von Rudolf Steiner selbst war.

Rudolf Steiners Leiden

Rudolf Steiner erfasste sofort, dass die Zerstörung des ersten Goetheanums auch noch durch andere, unsichtbare Ursachen ausgelöst worden war. Und zwar lagen diese in dem damaligen Zustand der Anthroposophischen Gesellschaft begründet. Veltman spricht in diesem Zusammenhang sogar von einem »ruinösen Zustand der Gesellschaft«.[56] Viele Anhänger Rudolf Steiners konnten der Geschwindigkeit, mit der Rudolf Steiner seine Erkenntnisse entwickelte, nicht folgen: Eine große Erkenntnis nach der anderen wurde den Mitgliedern vermittelt. Schließlich wurden diese nochmals konkretisiert und auf den Alltag übertragen, etwa auf die Landwirtschaft, die Pädagogik, die medizinische Wissenschaft, die Sprachgestaltung und so weiter. Durch diese rasante Entwicklung entstanden Konflikte zwischen verschiedenen Interessensgruppen der Mitglieder der Gesellschaft: zwischen Älteren und Jüngeren, zwischen Mitgliedern, die zwar die Erkenntnisse, nicht aber deren Umsetzung in verschiedenen Arbeitsbereichen wollten. Oder umgekehrt: Menschen, die sich vor allem für die Arbeitsbereiche interessierten, nicht aber für die zugrunde liegenden Erkenntnisse und so weiter. Es gab auch Personen, die sehr intellektuell an die Wahrheiten herangingen, die Rudolf Steiner ihnen vermittelte, und dabei vergaßen, dass die Grundlage dieser Erkenntnisse harte Arbeit an sich selbst ist: Höheres Denken kann man nur entwickeln, indem man den Einweihungsweg geht, indem man Selbsterkenntnis entwickelt und sich selbst umerzieht. So gesehen ist es durchaus verständlich, dass Veltman von einem ruinösen Zustand der Gesellschaft spricht.

Rudolf Steiner erkannte in den Monaten nach dem Brand, dass diese ruinöse Situation eine Mitschuld an der Zerstörung des Goetheanums trug. Zudem erlebte er tagtäglich, wie das Unverständnis der Mitglieder – so nachvollziehbar es auch sein mochte – ihm ein maßloses Gefühl der Einsamkeit bescherte. Die meisten »seiner« Leute hatten nur unzureichend bzw. gar nicht begriffen, wie entscheidend die Mission, die Rudolf Steiner übernommen hatte, für die Zukunft der Menschheit war.

Sein Leid bestand also nicht nur in der Zerstörung des Goetheanums, sondern vor allem auch im Unverständnis der Menschen in seinem Umfeld. Deshalb wurde das Jahr 1923, das auf den Brand folgte, zu einem Jahr der Besinnung. Wie sollte er weitermachen? Und: War es überhaupt noch sinnvoll weiterzumachen?

9.

Die Christus-Tat Rudolf Steiners

Ein historisches Schicksalsjahr

Für Rudolf Steiner ging es 1923 folglich in erster Linie um die Frage, was der Brand am Goetheanum ihm und seinen Anhängern verdeutlichen wollte. Es war jedoch nicht nur für die Anthroposophische Gesellschaft ein Schicksalsjahr, sondern auch für Deutschland und ganz Mitteleuropa. Peter Selg spricht sogar von einem »historischen Schicksalsjahr«.[57] In Italien war Mussolini auf dem Weg zu einer erfolgreichen Diktatur, französische und belgische Truppen besetzten in jenem Jahr das Ruhrgebiet, beschlagnahmten Kohle und erhoben Anspruch auf die Kontrolle der deutschen Staatsfinanzen. Die Zahl der Auswanderer aus Deutschland stieg alarmierend an, ebenso wie die Zahl der Suizide. All dies bereitete den Weg für den Aufstieg Hitlers. Im Januar hielt die NSDAP (Nationalsozialistische Deutsche Arbeiterpartei) ihren ersten großen Reichsparteitag in München ab.

Rudolf Steiner sah, was kommen würde: Er ordnete an, dass sein Berliner Haushalt (in dem er gewohnt hatte, bevor er nach Dornach zog) aufgelöst und alle anthroposophischen Bücher aus Marie Steiners Verlag in die Schweiz gebracht werden sollten. Von da an besuchte er Berlin nie mehr. Es war also in jeder Hinsicht ein schicksalhaftes Jahr für Rudolf Steiner.

Was tun?

Wie wir im vorigen Kapitel gesehen haben, war die Hauptfrage, die Rudolf Steiner in jenem schicksalhaften Jahr beschäftigte, die folgende: »Soll ich mich als Lehrer der Anthroposophischen Gesellschaft zurückziehen und mit einer kleinen Gruppe von Menschen weitermachen oder nicht?« Fast das ganze Jahr hindurch beschäftigte ihn diese Frage. Erst im Herbst desselben Jahres wurde ihm klar, welche Entscheidung er zu treffen hatte.

In der Zwischenzeit waren auf seine Anregung hin in Europa bereits mehrere nationale anthroposophische Gesellschaften gegründet worden: in der Schweiz (im April 1923), in Norwegen (im Mai 1923), in England (im September 1923), in Österreich (im September 1923) und in den Niederlanden (am 18. November 1923).[58] Dies war vor allem auch deshalb erforderlich, weil sich die politische Situation in Deutschland zuspitzte, und Rudolf Steiner voraussah, dass es in naher Zukunft keinen Platz mehr für die damalige Anthroposophische Gesellschaft in diesem Land geben würde. Der aufkommende Nationalsozialismus würde sie nicht dulden (was sich einige Jahre später als richtig herausstellte). Damit würde diese alte, 1912 in Deutschland gegründete Anthroposophische Gesellschaft, die alle Sektionen weltweit einschloss, auf einen Schlag ausgelöscht werden. Durch die Gründung von weitgehend autonomen Ländergesellschaften konnte diese Gefahr abgewendet werden.

Schließlich beschloss Rudolf Steiner, dass sich die neuen Ländergesellschaften in Dornach zu einer internationalen anthroposophischen Weltvereinigung, der Allgemeinen Anthroposophischen Gesellschaft, zusammenschließen sollten.[59] Gegründet wurde sie in Dornach an Weihnachten 1923 auf einer großen Weihnachtskonferenz, die üblicherweise mit dem deutschen Begriff »Weihnachtstagung« bezeichnet wird. Aus den verschiedensten Ländern waren

Mitglieder der neuen Gesellschaft nach Dornach gekommen, um dieses Ereignis zu erleben und mitzufeiern.

Eine Opfertat

Die Gründung der neuen Gesellschaft hatte für Rudolf Steiner persönlich große Konsequenzen. In dieser Gesellschaft übernahm er – anders als in der alten Anthroposophischen Gesellschaft – selbst den Vorsitz. Dies war aber nicht nur eine Formalität, sondern hatte erhebliche Konsequenzen. Indem er als Generalsekretär selbst die Verantwortung für die Gesellschaft übernahm, verknüpfte er sein persönliches Karma mit dem Karma der Gesellschaft. Viele Mitglieder der Gesellschaft verstanden dies nicht, so wie es auch nicht wirklich bis in den Kern zu ihnen vordrang, was Rudolf Steiner vorantrieb und beseelte. Ihr Egoismus und Unverständnis wirkten sich hemmend auf die Entwicklung der Gesellschaft aus. Doch gerade das führte zu dem Karma der Gesellschaft, das Rudolf Steiner auf sich nahm.

Ita Wegman und Marie Steiner, die beide ihr Leben in seinen Dienst gestellt hatten, erkannten die weitreichenden Konsequenzen, die dieser Schritt für Rudolf Steiner bedeutete. Ita Wegman schrieb kurz nach Rudolf Steiners Tod: »Rudolf Steiner nahm das Karma der Anthroposophischen Gesellschaft in sein Karma auf. Es war ein unerhörtes Wagnis, eine Tat, bei der man, als sie geschah, fast die Erschütterung des ganzen Kosmos empfinden und fühlen konnte.«[60]

Einen Monat später beschrieb sie dieses Ereignis erneut mit folgenden Worten: »Der Meister verband sein Schicksal mit der Anthroposophischen Gesellschaft. Das Opfer wurde gebracht, zielvoll und bewusst. […] So, wie die Christus-Wesenheit sich zum Heil der Menschheit mit der Erde verband, so identifizierte sich Rudolf Steiner mit der Anthroposophischen Gesellschaft. Es war eine Christus-Tat.«

Auch Marie Steiner schrieb über dieses Karma von Rudolf Steiner. Sie bezeichnete seinen Tod 17 Jahre später als Opfer und äußerte dann als Randbemerkung: »... denn unser Karma nahm er auf sich«.[61]

Es ist dieses Karma, das letztlich auch zu seinem Tod führte. Als er erkrankte – wie wir vorhin bereits festgestellt haben, erkrankte er ein halbes Jahr vor seinem Tod – dachte er zunächst noch, dass die Krankheit durch Übermüdung verursacht worden sei, und ging davon aus, dass sich sein Zustand wieder bessern würde. Doch nach der Hälfte dieser Zeit sprach er nicht mehr von »Erschöpfung«, sondern von »Karmawirkungen«.[62] Sein Tod war somit, laut seinen eigenen Worten, durch das Karma verursacht worden, das er bei der Weihnachtskonferenz bzw. Weihnachtstagung auf sich genommen hatte. Das war sein Opfer, das er in der Nachfolge von Jesus Christus brachte. Ita Wegman bezeichnete dieses Opfer verständlicherweise als eine »Christus-Tat«.

Wie Rudolf Steiner der Anthroposofia einen Körper schenkte

Im Jahr 1923 – dem Jahr der Weihnachtstagung – war es genau 21 Jahre her, dass Rudolf Steiner Generalsekretär der Theosophischen Gesellschaft in Deutschland wurde. Im selben Jahr hatte er mit seinen Vorträgen begonnen und damit das Fundament für die großen Erkenntnisse gelegt, die er in den darauffolgenden Jahren enthüllen sollte. Insbesondere war er dazu aufgerufen, erstmals das esoterische Christentum zu erklären – und damit die Erkenntnisse, die Johannes am Fuße des Kreuzes erhalten hatte, und die später auf Patmos eine weitere Vertiefung erfuhren. Doch, lassen Sie mich das noch einmal betonen: Das Einzigartige ist, dass Rudolf Steiner es geschafft hat, uns diese Erkenntnisse in der logischen und klaren Sprache der heutigen Zeit zu vermitteln.

1923 hatte er also bereits 21 Jahre lang die großen esoterischen Erkenntnisse auf die Erde gebracht und öffentlich gemacht. Die Zahl 21 ist bezeichnend: dreimal sieben Jahre. Zum Vergleich: In dreimal sieben Jahren baut der Mensch seinen Körper und seine Seele von der Geburt bis zum Erwachsensein auf.

In vergleichbarer Weise hatte Rudolf Steiner in dreimal sieben Jahren für *Anthroposofia* einen geistigen Leib aufgebaut. Sie ist ein großes, geistiges Wesen, das in der geistigen Welt lebt und im Laufe der Jahre ihr Wissen und ihre Erkenntnisse Rudolf Steiner anvertraut hat. Das heißt, sie ist das Wesen, das ihn in die großen esoterischen Geheimnisse eingeweiht hat, die er wiederum in seinen Vorträgen an die Menschen weitergeben durfte.

In all den 21 Jahren war also Rudolf Steiner der Kanal für *Sofia* gewesen, und Sofia hatte über Rudolf Steiner ihre Gaben an die Menschheit weitergeben dürfen. Dabei hatte sie sich – dank der schöpferischen Kräfte Rudolf Steiners – einen geistigen Körper aufbauen können. Dieser Leib war nun vollendet, und zwar in dem Sinne, dass sie dank dieses geistigen Körpers nun auch selbst auf der Erde wirksam werden konnte und nicht nur von Rudolf Steiner (als Kanal) abhängig war, um Gehör zu finden.

Rudolf Steiner war schließlich bis dahin der einzige Mensch auf Erden, der fähig war, in die geistige Höhe aufzusteigen, in der die Anthroposofia lebte. Nun aber, da sie einen eigenen geistigen Körper erhalten hatte, konnte sie auch selbst auf die Erde herabsteigen, um in den Seelen anderer Menschen zu wirken. Doch dazu mussten diese Menschen von Rudolf Steiner gut vorbereitet werden. Sie mussten sozusagen in seiner Aura bzw. Ausstrahlung leben, damit ihre Seelen für die Inspiration durch die Anthroposofia empfänglich wurden. Deshalb musste Rudolf Steiner auch Vorsitzender der neuen Gesellschaft werden, damit sich die Mitglieder dieser Vereinigung innerlich mit ihm verbinden und die von ihm ausstrahlenden Kräfte aufnehmen konnten. Denn erst dann konnte die Anthroposofia auch in ihren Seelen aktiv werden.

Der Aufbau eines geistigen Goetheanums

Bei der großen Weihnachtskonferenz bzw. Weihnachtstagung anlässlich der Gründung der neuen Anthroposophischen Gesellschaft 1923 in Dornach geschah noch etwas Außergewöhnliches. Anstelle des abgebrannten Goetheanums errichtete Rudolf Steiner ein geistiges Goetheanum. Dieses Gebäude wurde nicht aus Backsteinen oder Beton gebaut (wie das zweite Goetheanum), sondern bestand aus Menschen.

Mehr als 800 Personen nahmen an der Konferenz teil. Darüber hinaus hatte die neue Gesellschaft 13.000 Mitglieder, die über die Welt verstreut waren und sich alle am Bau dieses geistigen Goetheanums beteiligten. In den Herzen all dieser Menschen legte Rudolf Steiner auf dieser besonderen Konferenz einen geistigen Grundstein, einen Leitspruch in Form von vier Strophen.

Wim Veltman beschreibt dieses einzigartige Ereignis wie folgt:

»Rudolf Steiner legte den Grundstein für ein Menschheitsgebäude, ein geistiges Goetheanum, in den Herzen der Menschen. Dieser Grundstein hatte die Form eines vierteiligen mantrischen Spruches, der die Verbundenheit des dreigliedrigen Menschenwesens mit der göttlichen Dreifaltigkeit … zum Ausdruck brachte.

Im vierten Teil des Grundsteinspruches wird diese Verbundenheit von Mensch und Gottheit durch das in äußerst strenge Worte gekleidete Bild vom Kommen Christi als ›Welten-Geistes-Licht in den irdischen Wesensstrom‹ bestärkt …«

Der Spruch endet mit der Bitte an die Christus-Sonne, unsere Herzen zu erwärmen und unsere Häupter zu erleuchten:

Dass gut werde,
Was wir
Aus Herzen Gründen,
Aus Häuptern führen
Wollen.

»Mit diesem Grundsteinspruch«, so erklärt Wim Veltman, »ist der Grundstein für eine geistige Schulung als tragende Kraft für eine neue Menschheitskultur gelegt«.[63]

Seit dieser Weihnachtstagung existiert also ein geistiges Goetheanum. Und jeder, der sich mit offenem Herzen mit dem Werk Rudolf Steiners verbindet (ob er nun Mitglied der Anthroposophischen Gesellschaft ist oder nicht), ist Teil dieses besonderen Gebäudes. Doch nicht nur das: Er ist auch ein Kanal für die Anthroposofia, das geistige Wesen, dem Rudolf Steiner einen Körper geschaffen hat, und das nun auch in Ihnen tätig werden will. Für das, was wir in unserem Leben mit den Erkenntnissen tun, die uns Rudolf Steiner geschenkt hat, sind wir also nicht nur Rudolf Steiner, sondern auch der Anthroposofia gegenüber verantwortlich!

Das Opfer, das Rudolf Steiner erbracht hat

Die Tatsache, dass wir Menschen uns mit der Anthroposofia verbinden können, dass sie uns hilft, die hohen Einsichten des esoterischen Christentums in uns aufzunehmen und zu verstehen, verdanken wir Rudolf Steiner: Er hat ja für sie einen geistigen Körper aufgebaut, mit dem sie nun in uns auf Erden wirken kann.

Doch bedenken Sie: Wir verdanken es vor allem seinem Opfer, nämlich dass er sein Karma mit dem der neuen Anthroposophischen Gesellschaft verbunden hat. Durch die intensive Verbindung mit den Mitgliedern der Gesellschaft konnte er in aller Stille ihre Herzen und Seelen auf das Wirken der Anthroposofia vorbereiten.

Doch welche Konsequenzen hatte die Gründung der neuen Anthroposophischen Gesellschaft – und folglich auch: Welche Konsequenzen hatte dieses Opfer für Rudolf Steiner? Als Rudolf Steiner den Entschluss fasste, dies zu tun, tat er es aus sich selbst heraus, ohne hierfür irgendeinen Auftrag oder eine Anweisung aus der geistigen Welt erhalten zu haben. So war es für ihn in den folgenden Monaten sehr spannend, wie die geistige Welt auf diesen Akt reagieren würde. Würde die Anthroposofia nun den Strom der Erkenntnisse, den sie durch ihn zur Erde schickte, beenden, weil sie mit seiner Entscheidung nicht einverstanden war? Oder würde sie es gutheißen? Letzteres erwies sich als der Fall. Als Rudolf Steiner einige Monate später in Paris einen Vortrag hielt, erklärte er dort, dass der Strom der geistigen Einsichten nicht aufgehört, sondern vielmehr sogar mit noch größerer Kraft zu fließen begonnen habe.[64] Ita Wegman erzählte von diesem besonderen Moment: »Wie strahlte das Gesicht unseres Meisters, wie beglückt war er selber, wie dankbar saßen seine getreuen Schüler um ihn versammelt in dem kleinen, hübschen Saal in Paris.«[65] Noch ein Jahr lang ergoss sich ein gewaltiger Strom an Erkenntnissen, größer und umfassender denn je, zur Erde, zu Rudolf Steiner, bevor er erkrankte und im Jahr darauf verstarb.

Vom Himmel her kam also eine positive Reaktion auf den Beschluss der Weihnachtstagung. Anders verhielt es sich mit den Reaktionen auf Erden. Da Rudolf Steiner sein persönliches Schicksal mit dem der Mitglieder der Gesellschaft verbunden hatte, stand er allen Mitgliedern zur Verfügung, die mit ihm über Lebensfragen sprechen wollten, über eine Erkenntnis, mit der sie rangen, über eine Entscheidung, die sie zu treffen hatten und so weiter. Rudolf Steiner hat niemals »Nein« gesagt. Deshalb wuchs die Zahl derer, die mit ihm sprechen wollten, in beängstigendem Maße. Sie nahmen dabei keine Rücksicht darauf, ob Rudolf Steiner all diese Gespräche neben seiner sonstigen Arbeit noch zusätzlich bewältigen konnte. Sie schauten nur auf das, was sie selbst für nötig hielten. Wim Veltman folgert daher daraus: »Wie ist es möglich, dass dieser starke Mann vergleichweise frühzeitig gestorben ist? Die einfache Antwort darauf muss lauten: ›Wegen des Egoismus der Menschen‹.«[66] Das ist ein weiterer Grund, warum sein Tod wirklich ein Märtyrertod war.

Ein esoterischer Vorstand

Rudolf Steiner selbst wählte den Vorstand der neuen Anthroposophischen Gesellschaft aus. Er bezeichnete ihn als »esoterischen Vorstand«: Über diese Vorstandsmitglieder sollte die Anthroposofia zunächst wirksam werden. Von diesem Kreis aus sollte ihre Wirkung dann allmählich auf die (anderen) Mitglieder der Gesellschaft übergehen.

Leider kam es nach dem Tod Rudolf Steiners schon bald zu zunehmenden Konflikten innerhalb dieses Gremiums, was den Wirkungskreis der Anthroposofia stark einschränkte. Dennoch ist seither der Kreis der Menschen, die sich den Erkenntnissen und dem Werk Rudolf Steiners verbunden fühlen, erfreulicherweise gewachsen. Und immer mehr Menschen werden dadurch zu einem Kanal für die Anthroposofia. Ihr Wirken – und das von Rudolf Steiner – ist nicht mehr aufzuhalten.

10.

Das Geheimnis des ätherischen Christus

Das Leiden des Johannes

Wie wir gesehen haben, bestand das Leiden Rudolf Steiners vor allem aus dem Unverständnis vieler seiner Anhänger, ihrer Selbstsucht und dem Karma der Anthroposophischen Gesellschaft, das er auf sich genommen hatte. Es gab auch Angriffe auf ihn, und er wurde verleumdet, vor allem vonseiten der Kirchen, aber auch von der nationalsozialistischen Bewegung in Deutschland. Das führte schließlich zu seinem Tod im Jahre 1925, obgleich er erst 64 Jahre alt war.

Auch Johannes hatte gelitten. Es begann mit seiner Einweihung in den sechsten Grad durch Jesus Christus. Das war eine Prüfung und ein Opfer; denn um in diesen hohen Grad eingeweiht zu werden, musste man all seinen Besitz und all seine Sicherheiten aufgegeben haben. Erst dann, leer, nackt und vollkommen wehrlos, war man reif für die tiefgehende Prüfung seitens der Einweihung.

Wenig später stand er am Fuße des Kreuzes und trug innerlich das Leiden Jesu Christi in sich. Es ist vergleichbar damit, wenn jemand, den Sie sehr lieben, unter starken Schmerzen im Sterben liegt, und Sie überhaupt nichts tun können. Er ist gleichsam auch selbst mit durch den Tod gegangen. Das war es, was Johannes am Fuße des Kreuzes durchlebte. Dieses Leiden wurde noch verstärkt, weil er erkannte, dass in jenem Moment die Zukunft der gesamten Menschheit auf dem Spiel stand, und er auch in dieser Hinsicht nichts tun konnte. Diese totale Ohnmacht machte sein Leiden aus.

Außerdem wussten die anderen Jünger nicht, welche esoterischen (d. h. geheimen) Erkenntnisse ihn innerlich bewegten, und wie er sie im Stillen mit sich herumtragen musste. Nur Mutter Maria verstand es. Doch als sie starb, stand Johannes vollkommen allein da. Zugleich aber wusste er, dass dies seine Mission war – in der Einsamkeit und Stille mitzutragen, was er am Fuße des Kreuzes gesehen und erlebt hatte. Glücklicherweise konnte er im hohen Alter sein Evangelium vollenden, das viele esoterische Geheimnisse enthielt. Dies war sein Geschenk an die Menschheit, das er im Leiden errungen hatte.

Am Ende seines Lebens – er war schon weit über 90 Jahre alt – wurde er auf der Insel Patmos in einer Höhle auf halber Höhe des Berges gefangen gehalten. Doch in dieser Höhle, in der er einsam und verlassen von einem Tag auf den anderen lebte, empfing er unerwartet Visionen, die grandiose Ausblicke auf die Zukunft der Menschheit enthielten. Auch diese wurden, wie sein Evangelium, in die Bibel aufgenommen, und zwar als das letzte Buch. Diese Visionen gewähren jedem, der sich wirklich in sie vertiefen möchte, große esoterische Erkenntnisse.[67]

Auch in ihrem Leiden sind Johannes und Rudolf Steiner wie zwei eingeschworene Freunde. Sie wussten beide, warum sie dieses Leiden erfahren mussten: weil sie »dem Leiden Christi das hinzufügen mussten, woran es ihm noch mangelt«.

Johannes begegnet dem Christus noch einmal

In der Höhle auf Patmos durfte Johannes etwas Einzigartiges erleben. Eines Tages erlangte er dort ein höheres Bewusstsein. An sich war das für ihn als hohen Eingeweihten – im Nachhinein betrachtet – nur allzu verständlich: Die Stille, die Einsamkeit und die totale

Abhängigkeit von den Entscheidungen anderer über ihn bewirkten, dass er sich mehr und mehr vom Alltagsleben löste und zu sehen begann, was ihm bisher verborgen geblieben war. Das war es, was Johannes in jenen stillen Tagen in der Höhle auf Patmos widerfuhr: Der Schleier lichtete sich, und er konnte in die geistige Welt schauen.

Was er dank dieses höheren Bewusstseins als Erstes sah, war ein strahlendes Lichtwesen – der Christus. Er sah, wie er selbst schrieb, »einen, der war eines Menschen Sohne gleich, der war angetan mit einem langen Gewand und begürtet um die Brust mit einem goldenen Gürtel. Sein Haupt aber und sein Haar war weiß wie weiße Wolle, wie der Schnee, und seine Augen wie eine Feuerflamme und seine Füße gleichwie Messing, das im Ofen glüht.«[68] Johannes wusste sofort, ohne auch nur einen Gedanken zu verschwenden, wer diese Gestalt war – der Christus. Seine Seele wusste es und erkannte ihn sofort.

In der Offenbarung des Johannes heißt es dann weiter: »Und als ich ihn sah, fiel ich zu seinen Füßen wie ein Toter.«[69] Diese Aussage macht deutlich, wie schockierend dieses Ereignis für Johannes gewesen sein musste. Wie tiefgreifend muss die Erscheinung Christi für ihn gewesen sein! Das letzte Mal hatte er Christus nach der Auferstehung gesehen, als dieser 40 Tage lang bei seinen Jüngern geweilt und ihnen den tieferen Sinn all dessen erklärt hatte, was geschehen war. Dann, am Ende dieser 40 Tage, erfolgte die Himmelfahrt, und die Jünger sahen, wie Christus in höhere Welten aufstieg und mit der feinstofflichen Welt eins wurde.

Von diesem Moment an – Johannes muss etwa 33 Jahre alt gewesen sein, so alt wie Jesus Christus bei seinem Tod – lebte Johannes mit dem Gefühl eines tiefen und intensiven Mangels. Tag für Tag vermisste er den Christus. Denn auf ihn war all seine Liebe ausgerichtet. Mit niemandem sonst fühlte er sich so intensiv verbunden wie mit ihm. Deshalb hatte er sein Leben in den Dienst Christi gestellt.

Erst auf Patmos, nach mehr als 60 Jahren, sah er den Christus völlig unerwartet wieder. Sein Herz hüpfte vor Freude. Eine noch nie dagewesene Glückseligkeit, aber auch eine tiefe Dankbarkeit und ein intensives Staunen erfüllten ihn. Es waren diese Gefühle, die Johannes so empfänglich machten und es ermöglichten, dass der Christus ihn mithilfe von Visionen in die Geheimnisse der Zukunft einweihen konnte.

Das Geschenk des Auferstehungsleibes

In diesen 40 besonderen Tagen zwischen Auferstehung und Himmelfahrt hatten die Jünger Christi intensive Gespräche mit ihm geführt. Während dieser Zeit war Christus in seinen Auferstehungsleib gehüllt, in einen verwandelten, vergeistigten physischen Leib. Das war sein Geschenk an die Menschheit, denn von nun an sollte jeder Mensch irgendwann in ferner Zukunft diesen neuen, vergeistigten Körper erhalten dürfen, um so den Tod zu überwinden. Denn dieser neue Körper ist nicht mehr dem Tod unterworfen.

Die Jünger Jesu Christi hatten ihn dennoch in diesem neuen Körper, einem vergeistigten physischen Leib, wahrnehmen können, weil sie durch die gewaltigen Ereignisse rund um die Verhaftung, das Leiden, die Kreuzigung und den Tod ihres Meisters hellsichtig geworden waren. Die hohen Christus-Kräfte, die damals freigesetzt worden waren, hatten sie umhüllt und auf eine höhere Bewusstseinsebene erhoben.

Zukunftsschau

In all den Jahren, die seit der Himmelfahrt vergangen waren, hatte Johannes im Stillen immer wieder auf jene Zeit zurückgeblickt, auf jene 40 Tage, als Christus in ihrer Mitte war und Johannes sich in der Liebe sonnte, die von ihm ausgegangen war. Immer wieder dachte er über die Geheimnisse nach, die Christus damals mit ihnen geteilt hatte. Immer wieder hatte er erkannt, wie reich ihn diese Erkenntnisse gemacht hatten.

Doch nun, auf Patmos, durfte Johannes einen weiteren Schritt gehen. Zunächst einmal durfte er den Christus wiedersehen. Das war an sich schon etwas Großartiges: Seine Sehnsucht nach Christus und sein Verlangen nach ihm wurden so völlig unerwartet erhört. Doch dazu kam noch etwas Einzigartiges: Er erkannte, dass der Christus von diesem Moment an für immer mit ihm verbunden bleiben und ihn Schritt für Schritt auf seinem Lebensweg führen würde. Und mehr als das: Der Christus würde ihn auch in allen folgenden Leben auf der Erde weiterhin begleiten und ihm nahe sein. Und, so spürte Johannes: Was er erlebte, werden alle Menschen in der Zukunft ebenfalls erleben dürfen, wenn sie sich innerlich mit dem Christus verbinden – nämlich, dass er ihnen erscheinen und sie dauerhaft auf ihrem Lebensweg auf Erden unterstützen wird.

Von da an wurde seine Aufmerksamkeit durch Christus auf die Zukunft gelenkt und nicht mehr auf die großen Geheimnisse, die nun hinter ihm, in der Vergangenheit, lagen. In einer beeindruckenden Reihe von Visionen, die Christus ihm höchstpersönlich zeigte, durfte er mitverfolgen, wie die Zukunft Jahrhundert für Jahrhundert, Ära für Ära verlaufen würde. Sorgfältig ließ Johannes die Visionen von seinem treuen Schüler Prochoros aufschreiben, dem er sie der Reihe nach diktierte. Dabei wurde ihm die Essenz dieser Visionen immer klarer: Sie besteht aus dem, »was da ist, und was geschehen soll darnach«, wie er selbst sagt.[70]

Das heißt, Johannes wurde offenbart, wie der Christus in den kommenden Jahrhunderten Schritt für Schritt in den Menschen als ihr höheres Selbst wirken und sie allmählich auf eine höhere Bewusstseinsebene erheben wird. Dieses höhere Selbst jedoch – auch der innere Christus genannt – ist eine Kraft der reinen Liebe. Die Liebe wird also letztendlich die Menschen voll und ganz erfüllen. Doch um das zu erreichen, werden sie noch durch viele Prüfungen gehen müssen.

Dann wurde Johannes die Zukunft direkt gezeigt: Bild für Bild, Zeitalter für Zeitalter. Es begann damit – so sah er – dass die Menschen eines Tages, in der Zukunft, genau wie er, den Christus werden sehen dürfen. Sie werden so feinfühlig werden, dass sie imstande sein werden, ihn zu sehen, wie Johannes ihn hatte sehen dürfen. Denn was Johannes widerfahren war, wird eines Tages auch ihnen geschehen.

Johannes sah dann, dass der Christus bei den Menschen bleiben und sie Schritt für Schritt auf ihrem weiteren Entwicklungsweg führen wird. Er wird ihnen helfen, drei neue Fähigkeiten zu erwerben, durch die sie ein höheres Bewusstsein entwickeln können und so zu einer höheren Vision fähig werden.[71] Die Visionen, die Johannes erhielt, beschreiben diesen ganzen Entwicklungsweg.

Wenn wir das, was Johannes auf Patmos widerfahren ist, auf diese Weise betrachten, wird verständlich, warum die Offenbarung des Johannes – das Buch, in dem seine Visionen niedergeschrieben sind – als »Leitfaden für das esoterische Christentum« bezeichnet wird.[72] Emil Bock nennt dieses letzte Buch der Bibel auch »das Lesebuch des Christentums, das zu sich selbst findet«. Weiter sagt er: »Es lehrt uns, in der Welt zu lesen, die hinter dem gelichteten Schleier liegt.«[73]

Ein Damaskus-Erlebnis

Emil Bock bezeichnet die Christus-Erscheinung des Johannes in jener Höhle auf Patmos als »Damaskus-Erlebnis«. Er schreibt: »Die überwältigende Christus-Begegnung des Verfassers der Offenbarung bildet den Anfang des Buches. Man könnte sie als sein Damaskus-Erlebnis bezeichnen.«[74] Was meint er damit?

Ein Damaskus-Erlebnis ist eine Erfahrung ähnlich der, die der Apostel Paulus am Tor von Damaskus machte. Er war mit einer Gruppe von Soldaten auf dem Weg in diese Stadt. Als sie in der Nähe des Tores waren, erschien ihm völlig unerwartet der auferstandene Christus. Ein Damaskus-Erlebnis bezeichnet also das Erscheinen Christi. Dieses Erlebnis wird in der Apostelgeschichte wie folgt beschrieben: »Und da er auf dem Wege war und nahe an Damaskus kam, umleuchtete ihn plötzlich ein Licht vom Himmel, und er fiel auf die Erde und hörte eine Stimme, die sprach zu ihm: ›Saul, Saul, was verfolgst du mich?‹ Er aber sprach: ›Herr, wer bist du?‹ Der Herr sprach: ›Ich bin Jesus, den du verfolgst ...‹ Die Männer aber, die seine Gefährten waren, standen und waren erstarrt; denn sie hörten die Stimme und sahen niemand.«[75] (Übrigens: der frühere Name von Paulus war Saul).

Als Johannes in der Höhle auf Patmos völlig unverhofft Christus sah, war er nach Paulus der nächste Mensch, der eine solche unerwartete Christus-Erscheinung erlebte. Daher bezeichnet Emil Bock – und nicht nur er – diese Erfahrung als Damaskus-Erlebnis.

Ein unzeitig Geborener

In einem seiner Briefe bezeichnete sich Paulus selbst als »unzeitig« Geborenen.[76] Damit ist jemand gemeint, der zu früh geboren wurde. Mit anderen Worten: Mit dieser Formulierung wollte Paulus in aller Bescheidenheit darauf hinweisen, dass er jemand ist, der den menschlichen Entwicklungen ein Stück voraus war. Er durfte nämlich zu seiner Zeit bereits etwas erleben, was andere Menschen erst zu einem viel späteren Zeitpunkt erfahren werden. Sie werden erst noch bestimmte Entwicklungen durchlaufen und – Leben für Leben – sich neue Fähigkeiten aneignen müssen, bevor sie so weit sind wie Paulus und, wie er, ein Damaskus-Erlebnis haben dürfen.

Paulus hatte aus seinem Damaskus-Erlebnis eine tiefe innere Gewissheit über die geistige Welt und über das Wesen Christi geschöpft, die ihm niemand mehr nehmen konnte. Es ist die gleiche Gewissheit, die alle Menschen gewinnen werden, die, wie er und wie Johannes, in späteren Zeiten ein Damaskus-Erlebnis haben dürfen.

Diese späteren Zeiten sind inzwischen angebrochen. Und derjenige, der uns unermüdlich darauf hingewiesen hat, ist Rudolf Steiner. Schon 1911 hat er in einem Vortrag gesagt: »Denn an jenem Zeitpunkt sind wir angelangt, wo der ätherische Christus in das Erdenleben eingreift und zunächst einer kleinen Anzahl von Menschen sichtbar wird wie in einem natürlichen Hellsehen. Dann, in den nächsten 3000 Jahren, wird er immer mehr Menschen sichtbar werden.«[77] Mit dem ätherischen Christus ist gemeint, dass die Menschen den Christus in der ätherischen Welt auf hellsichtige Weise wahrnehmen dürfen.

Ab dem Jahr 1909, so Rudolf Steiner, werde der ätherische Christus zunächst für Eingeweihte sichtbar werden, ab den 1930er-Jahren aber auch für Uneingeweihte. Und von da an würde er den Menschen in den folgenden 3000 Jahren immer öfter erscheinen.

Als Krankenhausseelsorger haben mir kranke Menschen jahrelang von solchen Damaskus-Erlebnissen berichtet. Das hat mein Leben geprägt. Ich habe auch ein Buch darüber geschrieben.[78] Diese vielen Erfahrungen, die mir unaufgefordert mitgeteilt wurden, haben mich tief beeindruckt. Als ich später las, was Rudolf Steiner darüber geschrieben hatte, spürte ich, wie wahr das war, was er darüber geschrieben hat. Während ich darüber nachdachte, wurde mir zusehends klarer, dass Rudolf Steiner der große Herold war, der das Erscheinen des ätherischen Christus in unserer heutigen Zeit ankündigen sollte.

Der Herold des ätherischen Christus

Paulus und Johannes waren die großen Verkünder der Wiederkunft Christi, wie sie ihre Christus-Erfahrung nannten. Sie wussten aber, dass mit diesem Begriff der »Wiederkunft« nicht eine neue Inkarnation Christi gemeint war, sondern die Tatsache, dass die Menschen allmählich eine natürliche Hellsichtigkeit erlangen werden, mit der sie den Christus in der ätherischen Welt wahrnehmen können.

Wir dürfen Rudolf Steiner als den großen Verkünder des ätherischen Christus bezeichnen. Das Damaskus-Erlebnis, das Paulus und Johannes jeweils auf ihre eigene Weise erlebt und geschildert hatten, verkündete Rudolf Steiner im letzten Jahrhundert auf eine neue, dem klaren, logischen Denken unserer Zeit angemessene Weise. Wir dürfen ihn in der Tat als den Herold des ätherischen Christus bezeichnen, denn jetzt ist die Zeit gekommen, in der der ätherische Christus immer mehr Menschen erscheinen wird. »Lasst dieses Ereignis nicht an euch vorüberziehen«, lautet der Aufruf, den Rudolf Steiner an uns richtet. Unablässig hat er diesen Aufruf wiederholt.

Johannes und Rudolf Steiner haben die wichtige Aufgabe übertragen bekommen, die Menschheit auf das Erscheinen des ätherischen Christus in unserer Zeit vorzubereiten. Jeder von ihnen musste dies auf die Weise tun, die den Lebensumständen der Menschen der jeweiligen Zeit angemessen war. Wir dürfen sie als Diener des ätherischen Christus bezeichnen. Auch diese gemeinsame Lebensaufgabe ließ ihre innige Freundschaft noch tiefer werden.

11.

Wenn ich an ... denke ...

Wenn ich an Johannes denke ...

Wenn ich an Johannes denke, sehe ich ihn vor meinem geistigen Auge immer vor dem Kreuz Jesu Christi stehen. Leicht nach vorne gebeugt, als würde er eine schwere Last auf seinen Schultern tragen. Unablässig schaut er zu Jesus Christus hin, der dort vor ihm hängt. Jede Bewegung dieses Körpers nimmt er wahr, jeder noch so leise Seufzer schneidet ihm tief in die Seele hinein. Er merkt kaum, dass es dunkel wird, obwohl sie doch so seltsam ist – diese Finsternis mitten am Tag.

Für Johannes steht die Zeit still. Er weiß selbst nicht, wie lange er dort schon steht. Sind es Stunden, sind es Tage? Er weiß es nicht. Alles, was zählt, ist diese Gestalt, die dort vor ihm hängt. Doch zugleich ist es, als ob er hinter dieser Finsternis, verborgen vor den Augen der Menschen, ein großes Licht wahrnimmt. Ein lebendiges Licht, das atemlos und schweigend wartet und wartet und wartet.

Johannes hört, wie Christus ihm die Worte zuflüstert: »Sohn, siehe, deine Mutter.« Und er weiß, was sein geliebter Meister damit meint. Jesus Christus hatte ihm bei seiner Einweihung, als er von Lazarus in Johannes verwandelt wurde, die Gabe geschenkt, im Herzen seines Meisters lesen zu können. Daher weiß er nun: Mit dieser Mutter meint Jesus Christus die Sofia, ein göttliches Wesen reiner Weisheit, das in der Mutter Jesu inkarniert ist, die dort, am Fuße des Kreuzes, neben ihm steht. Er spürt, wie ihre Weisheit ihn umhüllt und in sein Herz eindringt.

Stunde um Stunde steht Johannes da. Es ist, als habe ihn sein ganzes bisheriges Leben auf diese Aufgabe vorbereitet, seinen geliebten Meister mit der Liebe seines Herzens in diesen dunklen Stunden zu tragen. Deshalb strömt all die Liebe, die ihm zur Verfügung steht, zu Jesus Christus hin. Das ist alles, was er zu geben hat – seine Liebe. Das scheint so erbärmlich wenig zu sein in jener Stunde.

Doch in jenen Stunden ist es, als ob die Liebe zu seinem Meister, die ohnehin schon so groß war, noch größer wird, bis sie absolute Liebe ist. So wird er in jenen Stunden zu dem Menschen, der wir alle eines Tages werden können – zu einem Menschen aus reiner Liebe. Eine Liebe, die der Weisheit entspringt. Johannes unter dem Kreuz: Ein Bild des Menschen, der wir eines Tages sein werden.

Wenn ich an Johannes denke, taucht ein zweites Bild auf. Am Sonntagabend, zwei Tage nach jenen dunklen Stunden auf Golgatha, erscheint der auferstandene Christus im Kreise seiner Jünger. Die Jünger sind noch wie betäubt und begreifen nicht, was sie da nun eigentlich sehen. Johannes aber sieht es: Er sieht das strahlende Licht, das er auch in jenen Stunden, als er vor dem Kreuz stand, schon sah, damals noch verborgen hinter der Finsternis. Jetzt ist dieses Licht bis auf die Erde herabgestiegen. Er sieht: Der Christus ist dieses Licht. Und er versteht.

Dann kam an jenem Abend der Moment, als der auferstandene Christus vor ihm stand. In seinen Augen las Johannes ein neues, überirdisches Licht. Er schaute und schaute. Und labte sich an diesem Licht. Eine bisher nie gekannte Gnade. Bewegend wie nie zuvor. Johannes spürte, mit welcher Liebe der Christus ihn umhüllte. Und mit dieser Liebe kam, ohne Worte, ein Auftrag: »Sei mein Zeuge. Beschreibe die Geheimnisse, die du schauen durftest, in der Bildersprache, damit auch spätere Generationen sehen und verstehen werden.«

In den darauffolgenden Jahren suchte Johannes nach den richtigen Bildern, mit welchen er die großen Geheimnisse ausdrücken konnte. Er suchte und suchte. Schließlich schrieb und diktierte er. Zuerst das Evangelium, dann die Offenbarung. Sein Geschenk an die zukünftige Menschheit.

Wenn ich an Rudolf Steiner denke ...

Wenn ich an Rudolf Steiner denke, sehe ich einen Jungen, der durch den Wald streift und mit den Naturwesen spricht, die er dort trifft. Doch ich sehe auch einen heranwachsenden jungen Mann, der von der Technik fasziniert ist, von den Gleisen des Bahnhofs, wo er wohnt, und von den Stakkato-Klängen der Morsesprache. Ich sehe diese zwei Kraftfelder: Die geistige Welt und die Welt der Technik, zwischen welchen sich das Leben dieses Kindes abspielen wird.

Wenn ich an Rudolf Steiner denke, dann sehe ich einen Mann voller Lebenskraft, der sich Stück für Stück an die Menschen verschenkt. Ich sehe einen Mann, der sichtlich schnell altert, als würden die Lasten für ihn zu schwer werden. Ich sehe einen Mann unter vielen anderen, einen Mann, der trotzdem so einsam ist, weil kaum jemand versteht, was ihn vorantreibt und beseelt.

Wenn ich an Rudolf Steiner denke, sehe ich einen Mann, in dem der Christus lebt und wirkt. Stundenlang, ja tagelang, stand er wie

Johannes am Fuße des Kreuzes. Die Augen, die ihn in jenen Tagen vom Kreuz aus anschauten, ließen ihn nie mehr los.

Wenn er in diese Augen blickte, las er darin sein eigenes Schicksal, seinen eigenen Lebensweg. Von diesem Augenblick an wurde er zum Herold des ätherischen Christus.

Ich sehe ihn reglos in der Nacht bei den rauchenden Ruinen des ersten Goetheanums stehen. Schweigend und unbewegt sieht er, wozu das Böse fähig ist. Doch er sieht noch mehr: Er sieht den Kampf, der in den kommenden Jahrhunderten zwischen Ahriman und Michael ausgetragen werden wird. Werden seine Schüler erkennen, dass Michael den Kampf ohne ihre Hilfe nicht gewinnen kann? Sein Herz zittert in jener dunklen Stunde.

Rudolf Steiner gab und gab. Erkenntnis, Weisheit und Ermutigung. Wer zu ihm kam und sich von ihm berühren ließ, wurde ein anderer Mensch, ein Berufener. Als ob der Christus auch diesen oder jenen durch Rudolf Steiner gerufen hätte. Man spürte, dass die beiden eins waren, Rudolf Steiner und der Christus. So, wie Johannes und der Christus eins waren, voller Weisheit und Liebe.

Wenn ich an Rudolf Steiner denke, erfüllt mich ein tiefes Mitgefühl für das, was er leiden und ertragen musste. Doch er zeigte es niemandem. Nur an seinen Augen und am raschen Alterungsprozess seines Körpers konnte man es erkennen. Aber nur ganz wenige Menschen sahen es – die meisten waren mehr mit sich selbst beschäftigt als mit ihm.

Leben für Leben wurde er auf die hohe Aufgabe vorbereitet, die er in diesem Leben zu erfüllen hatte: Er sollte der Herold des ätherischen Christus werden und dessen Ankunft auf Erden verkünden. Leben für Leben wurde er darauf vorbereitet, mit dem großen Erzengel Michael zusammenzuarbeiten, der das Erscheinen des ätherischen Christus aus der geistigen Welt verkünden würde.

Was Rudolf Steiner betrifft: Wegen seines hohen Auftrags, der Herold des ätherischen Christus zu sein, konnte er nicht mit der Theosophin Annie Besant übereinstimmen, die in dem jungen Krishnamurti ein Werkzeug für den auferstandenen Christus sah. Er wusste, dass der Christus nicht in einem physischen Leib auf die Erde zurückkehren würde, sondern dass die Menschheit lernen würde, in die ätherische Welt zu blicken und dort den Christus zu sehen. Das hatte ihm der Christus selbst gezeigt. Er, der so viel Respekt vor dem Glauben eines jeden Menschen hatte, sprach nun ein klares Nein aus, das zu einem Bruch führte.

Wenn ich an Rudolf Steiner denke, sehe ich ihn in seinem Zimmer Christian Rosenkreutz gegenüber sitzen. Sie schweigen mehr als sie reden, denn sie sind nicht nur in ihrer eigenen Seele zu Hause, sondern auch in der des anderen. Zwischen ihnen steht unsichtbar ein Dritter – der Christus –, zu ihm strömt ihrer beider Liebe hin.

Wenn ich an Rudolf Steiner denke, steigt eine tiefe Dankbarkeit in mir auf. Ihm verdanke ich den Einblick in die Mysterien Christi, ihm verdanke ich den Einblick in das Leben nach dem Tod. Ihm verdanke ich so viel, dass mein armes Herz es gar nicht alles fassen kann. Es reicht für viele zukünftige Inkarnationen, die auf mich warten.

Als Kind wollte ich verstehen. Doch es gab niemanden, der mir meine Fragen beantworten konnte. Bis ich die Bücher von Rudolf Steiner entdeckte. Jetzt bin ich ein Wissender, dank ihm.

12.

Wie das Band immer stärker wurde

Sieben Punkte

In diesem Kapitel möchte ich in sieben Punkten skizzieren, wie die Verbundenheit mit Johannes in Rudolf Steiners Leben immer inniger wurde.

1. Kain und Abel

Loek Dullaart hat ein faszinierendes, informatives Buch über die beiden außergewöhnlichen Menschen aus der Zeit Jesu Christi geschrieben, die beide den Namen Johannes trugen. Er hat dem Buch den Titel: »Johannes, der Täufer und Evangelist« gegeben.[79] In diesem Buch erzählt er, welche die früheren – und späteren – Inkarnationen dieser beiden Johannes waren. Wenn wir uns nun einem dieser beiden zuwenden, nämlich Johannes dem Evangelisten, so stellen wir fest, dass seinem späteren Leben als Johannes zwei bemerkenswerte Inkarnationen vorausgingen, und zwar als Kain und als Hiram.

Beide Inkarnationen sind bedeutsam und zeigen Stufen der Entwicklung, die dieser Johannes Leben für Leben durchlief. Kain war der Sohn von Eva, der ersten Frau auf der Erde, und der Bruder von Abel.[80] Zu Beginn der Bibel wird in bildhafter Sprache beschrieben, wie die beiden eine grundverschiedene Wahl trafen, die für alle ihre späteren Inkarnationen entscheidend werden sollte. Abel wollte seine Verbindung mit der geistigen Welt so lange wie möglich aufrechterhalten und richtete seine Aufmerksamkeit eher auf den Himmel als auf die Erde. So ist es verständlich, dass aus seiner Nachkommenschaft die Priester hervorgingen. Kain tat genau das Gegenteil: Er richtete seinen Fokus zuallererst auf die Erde und verlor allmählich die Verbindung mit der geistigen Welt. Aus seiner Nachkommenschaft gingen die Menschen hervor, die sich für die Entwicklung der Erde, der Technik und so weiter eingesetzt haben.

Abel und seine Nachkommen waren Hirten, bauten Opferaltäre, sahen in der Natur ständig die göttlichen Kräfte, die diese durchwirkten, und zogen mit ihren Herden umher, ohne einen festen Wohn- oder Aufenthaltsort zu haben. Kain und seine Söhne hingegen wurden Bauern und Schmiede, bauten Häuser und sogar Städte. Die Nachkommen Kains widmeten sich der Kunst, der Wissenschaft und verschiedenen Handwerken, um auf diese Weise die Erde zu verändern. Ohne ihren Beitrag würden wir heute nicht in einer technologisch so hoch entwickelten Gesellschaft leben.

Das war also der Lebensweg, den Kain, der spätere Johannes der Evangelist, gewählt hatte, sich für die Erde und ihre Entwicklung einzusetzen. Die Bibel erzählt uns, dass Kain seinen Bruder Abel tötete. Daher wurde er immer als Mörder betrachtet. Doch wenn man diese Geschichte von Kain und Abel auf diese Weise – also rein wortwörtlich – liest, entgeht einem der tiefere Sinn. Denn Kain hat den Abel in sich selbst getötet. Das heißt, er vernachlässigte das lebendige Band mit der geistigen Welt, sodass diese Verbindung verkümmerte und schwächer und schwächer wurde. Er musste diese Entscheidung jedoch treffen, damit er die Erde entwickeln und seine ganze Aufmerksamkeit auf diese Aufgabe richten konnte. (Das gilt übrigens auch heute noch: Jeder von uns hat in der Regel mehrere Interessen, doch wir können diesen nicht allen gerecht werden. Wir müssen ständig entscheiden, worauf wir unser Augenmerk richten und was wir außen vor lassen sollten.)

Im Gegensatz dazu hielt Abel die Verbindung zur geistigen Welt sehr wohl aufrecht und stellte sie sogar in den Mittelpunkt seines Lebens. Doch dadurch konnte er nichts oder nur sehr wenig zur weiteren Entwicklung der Erde beitragen. Er und seine Nachkommen wurden jedoch Priester und hielten die Verbindung zur geistigen Welt stellvertretend für die gesamte Menschheit aufrecht.

Der besondere Mensch (der spätere Johannes), der der Lieblingsjünger Jesu Christi werden sollte, widmete sich also in all seinen Leben der Aufgabe, die Erde und das menschliche Leben auf ihr weiterzuentwickeln.

Der Tempelbau

In einem seiner nächsten Leben kehrte er als Hiram Abiff zurück. Dieser war Baumeister und lebte in Tyrus, im Libanon. Eines Tages wurde er vom jüdischen König Salomon gerufen, um für ihn einen Tempel in Jerusalem zu bauen.[81] Salomon selbst gehörte zur Ahnenreihe Abels. Er vertrat das priesterliche Element und war daher mit dem Thema Architektur nur wenig vertraut. Hiram Abiff hingegen stammte aus der Ahnenreihe von Kain und verstand durchaus etwas davon. Daher war er es, der den Tempel für König Salomon errichtete.

(Der spätere) Johannes war also in einem früheren Leben ein Tempelbauer gewesen. Natürlich wurde ihm diese Fähigkeit, aber auch die Hingabe für den Tempel, zum Teil in die Wiege gelegt. Das Faszinierende ist, dass wir in gewisser Weise auch Rudolf Steiner als Tempelbauer bezeichnen können, allerdings als Baumeister eines geistigen Tempels. Auf der Weihnachtstagung oder Weihnachtskonferenz 1923 hat er – wie wir schon gesehen haben – den Grundstein für einen geistigen Tempel gelegt, zu dem jeder – gleichsam als Baustein für diesen Tempel – beitragen kann, der sich mit Rudolf Steiner (und seinen Erkenntnissen) verbindet und die Essenz des Grundsteinspruchs in seinem Inneren aufnimmt.

In ihrer gemeinsamen Ausrichtung auf den Tempel – den materiellen und den geistigen Tempel – sehen wir eine wichtige Parallele zwischen Johannes dem Evangelisten und Rudolf Steiner.

2. Von Johannes über Christian Rosenkreutz zu Rudolf Steiner

In einem späteren Leben kehrte Johannes der Evangelist als Christian Rosenkreutz auf die Erde zurück. In jenem Leben wurde er – genau wie Johannes – sehr alt: 106 Jahre. Er wurde 1378 geboren und verstarb 1486. In jenem Leben erhielt er auch – ebenso wie Johannes – eine hohe Einweihung. Diese erfolgte im Jahr 1459 durch Mani.

Von Christian Rosenkreutz ist bekannt,

- dass er der Begründer des Einweihungswegs der Rosenkreuzer ist. Ich habe oben bereits ausgeführt, dass dieser Weg mit einem Studium beginnt, und zwar mit dem Studium der Geheimnisse des esoterischen Christentums.
- dass er der Begründer der Bruderschaft der Rosenkreuzer ist, einer kleinen Gemeinschaft, mit welcher er die Geheimnisse des esoterischen Christentums teilte. Diese mussten auf Anordnung von Christian Rosenkreutz geheim gehalten werden, da die Menschen damals noch nicht fähig waren, diese Geheimnisse zu verstehen, und sie deshalb auch nicht mit ihrem Verstand zu ergründen vermochten.
- dass er den Mitgliedern dieser Bruderschaft die Geheimnisse mitteilte, die er in einem früheren Leben als Johannes der Evangelist am Fuße des Kreuzes selbst miterlebt und entdeckt hatte.

Auch an dieser Entwicklung erkennen wir eine deutliche Übereinstimmung mit der Aufgabe, die Rudolf Steiner in seinem Leben gestellt wurde. Rudolf Steiner musste nämlich die Geheimnisse des esoterischen Christentums auf eine neue Art und Weise ergründen, und zwar aus dem logischen Denken der modernen Zeit heraus. Er musste diese Geheimnisse auch – anders als bisher – an die Öffentlichkeit bringen. Damit musste er den nächsten Schritt auf dem Entwicklungsweg des esoterischen Christentums gehen.

Hier zeigt sich eine klare Entwicklungslinie: Johannes der Evangelist ist der Begründer des esoterischen Christentums. Am Fuße des Kreuzes erhielt er Einblick in dessen Geheimnisse. Christian Rosenkreutz hatte die Aufgabe, diese einem kleinen Kreis von Anhängern zu erläutern und zu vermitteln. Im 20. Jahrhundert referierte Rudolf Steiner dann auf dem bereits erwähnten Theosophischen Kongress in München 1907 über die Rosenkreuzer und ihre Lehren. Dabei machte er deutlich, dass sein Erkenntnisgut, die Anthroposophie, eine direkte Fortsetzung dessen ist, was die Rosenkreuzer zuvor schon vermittelt hatten.[82]

Auch in dieser Entwicklungslinie erkennen wir die enge Verbundenheit zwischen Rudolf Steiner und Johannes, dem späteren Christian Rosenkreutz.

3. Die Siegel und Säulen

Auf eben diesem Münchner Kongress hatte Rudolf Steiner, wie wir bereits erfahren haben, Bilder der sieben Siegel anbringen lassen: sieben Bilder, die von Johannes im Buch »Die Offenbarung des Johannes« beschrieben wurden. Außerdem ließ er eine Darstellung der beiden Bronzesäulen Boas und Jachin anfertigen, die am Eingang des Tempels in Jerusalem standen und im Auftrag von König

Salomon von Hiram angefertigt worden waren. Sie werden in der Bibel in 1. Könige 7,15 beschrieben.

Auch durch die Tatsache, dass die Siegel und Säulen auf dem Münchner Kongress wieder in Erinnerung gerufen wurden, wird die enge Verbindung zwischen Rudolf Steiner einerseits und Johannes/Hiram andererseits erkennbar.

4. Der Johannesbau und das Goetheanum

Rudolf Steiner wollte bereits in München ein Gebäude errichten, das als Tempel, Auditorium und Bühne genutzt werden konnte. Dazu lagen bereits Pläne vor; auch das nötige Grundstück dafür wurde erworben. Doch letztlich gab der Münchner Stadtrat keine Freigabe für den Bau. Da Emil Grossheintz, einer der Mitstreiter Rudolf Steiners, ein Grundstück in Dornach in der Schweiz anbot, wurde beschlossen, den Johannesbau dort zu errichten. Im Jahr 1913 wurde mit dem Bau dort begonnen.

1918 traf man die Entscheidung, den Namen Johannesbau aufzugeben und den Namen Goetheanum zu wählen. Dieser Name klang zeitgemäßer und warf keine Fragen auf. Außerdem war Goethe einer der bedeutendsten – wenn nicht sogar DER bedeutendste – Wissenschaftler, Philosoph und Schriftsteller der deutschen Geschichte. Als dieser wurde er sicherlich auch damals gesehen. Dieser Name unterstreicht, dass die Anthroposophie Rudolf Steiners eine Wissenschaft ist. Rudolf Steiner fühlte sich zeitlebens eng mit Goethe verbunden. Insbesondere dessen Metamorphose-Gedanke (alles wächst und entwickelt sich, nichts bleibt, wie es ist) berührte ihn zutiefst – er erkannte darin wieder, was als tiefste Wahrheit in seiner Seele lebte.

So kam das Goetheanum also zu seinem Namen. Doch der ursprüngliche Name Johannesbau für dieses Gebäude zeigt noch einmal die innige Verbundenheit zwischen Rudolf Steiner und Johannes.

5. Christian Rosenkreutz und seine Scharen

Auf der Weihnachtstagung 1923 geschah etwas Außergewöhnliches, worüber Rudolf Steiner später im kleinen Kreis berichtete. Es ereignete sich am ersten Tag der Versammlung, als er den Grundsteinspruch zum ersten Mal aussprach. Es waren 800 Personen im Saal anwesend, die die gesamte anthroposophische Bewegung repräsentierten. Sie hörten intensiv zu, was Rudolf Steiner ihnen mitteilte. In diesem Augenblick, so erzählte Rudolf Steiner, zog Christian Rosenkreutz mit seinen Scharen in den Saal ein. Für Rudolf Steiner war klar, dass Christian Rosenkreutz ihn bei der Gründung der neuen Gesellschaft, vor allem aber auch beim Bau eines geistigen Tempels, unterstützen wollte. Diese besondere Zusammenarbeit zwischen Rudolf Steiner und Christian Rosenkreutz besiegelte somit einen weltgeschichtlich bedeutsamen Moment: die Gründung eines weltumspannenden geistigen Tempels.

Auch hier zeigt sich wieder die enge Verbundenheit zwischen Johannes und Rudolf Steiner: Christian Rosenkreutz, der frühere Johannes, wusste, wie entscheidend dieser Moment für die gesamte Menschheit war. Deshalb nahm er auch höchstpersönlich an diesem Ereignis teil, um so das Werk Rudolf Steiners zu unterstützen. In jenem Moment arbeiteten sie auch wirklich zusammen! Rudolf Steiner auf Erden, Christian Rosenkreutz aus der geistigen Welt heraus.

Christian Rosenkreutz tut dies übrigens immer noch. Überall dort, wo Menschen sich innerlich mit dem esoterischen Christentum verbinden, wo sie den Grundsteinspruch auf ihre persönliche Weise in sich aufnehmen und Rudolf Steiner zu einer lebendigen Gestalt in ihrem Inneren wird, dort steht auch Christian Rosenkreutz unsichtbar hinter ihnen und schenkt ihnen Inspirationen, die aus seinem eigenen Wesen entspringen.

6. Ein Gespräch mit Graf Ludwig von Polzer-Hoditz

Graf Ludwig von Polzer-Hoditz (1869–1945) gehörte zum kleinen Kreis der vertrautesten Anhänger Rudolf Steiners, die esoterisch geschult waren. Rudolf Steiner hatte mit ihm als einem der Ersten das Thema der sozialen Dreigliederung besprochen. Rudolf Steiner hatte ihn später – nachdem er erkrankt war und (in der Schreinerei in Dornach) das Bett hüten musste – auch als einen der Wenigen immer wieder an seinem Bett empfangen.

Graf Ludwig von Polzer-Hoditz fühlte sich der besonderen Mission Mitteleuropas, dessen Aufgabe es war (und ist), das Gleichgewicht zwischen Westeuropa (und Amerika) und Osteuropa bzw. zwischen einem kapitalistischen und einem eher spirituellen Denken zu wahren, eng verbunden. Um diese Aufgabe erfüllen zu können, musste (und muss) sich Mitteleuropa dieser seiner ureigenen Aufgabe bewusst werden.

Am 3. März 1925 hatte er noch einmal ein Gespräch – das letzte – mit Rudolf Steiner an dessen Krankenbett. Dabei sagte ihm Rudolf Steiner, dass es für die Zukunft von großer Bedeutung sein werde, dem Geheimnis der zwei Johannes-Figuren auf die Spur zu kommen. Die beiden anderen Themen, die er in diesem Gespräch als wichtig für die Zukunft bezeichnete, waren die Geheimnisse um Kaspar Hauser, den badischen Königssohn, sowie um Demetrius, den Zarensohn aus Russland. Beide hätten als König und Zar einen wichtigen Impuls für die richtige Entwicklung der Zukunft geben sollen, doch beide konnten diese Aufgabe aufgrund von böswilligen Widerständen, die sich bereits in ihrer Jugend regten, nicht erfüllen.

Als Erstes dieser drei Themen hat Rudolf Steiner damals jedoch das Mysterium der zwei Johannes als ein wichtiges Thema für die Zukunft genannt. Ich möchte daher das nächste Kapitel gerne diesem Mysterium widmen.

13.

Das geistige Vermächtnis Rudolf Steiners

Das Mysterium von den zwei Johannes

Es ist bezeichnend, dass der letzte Vortrag, den Rudolf Steiner hielt, den zwei Johannes gewidmet war: dem Täufer und dem Evangelisten. In den Jahren, als er Vorlesungen bzw. Vorträge hielt, war er stets auf diese beiden zurückgekommen und hatte dabei regelmäßig neue Erkenntnisse preisgegeben. Nun, bei seiner letzten Vorlesung, waren die beiden wieder das Thema.

Er hielt diesen Vortrag am 28. September 1924. Zu diesem Zeitpunkt war er bereits schwer krank. Nach der Hälfte des Vortrags konnte er nicht mehr weitersprechen. Deshalb beendete er seine Rede und zog sich zurück. Von da an lag er krank im Bett in seinem Atelier, bis er sechs Monate später, am 30. März 1925, verstarb.

Bei dieser letzten Vorlesung jedoch gab er seinen Schülern eine klare Anweisung, über die viele noch heute sinnieren. An einer Stelle seiner Vorlesung sprach er nämlich von dem großen Propheten Elia, der im Judentum eine wichtige Rolle spielt. Dann machte er die erstaunliche Aussage, dass »das Wesen von Elia in Lazarus-Johannes wiedergekehrt« sei – und damit in Johannes dem Evangelisten.

Dies war äußerst bemerkenswert, denn diese Aussage schien keinen Sinn zu ergeben. Viele der Anwesenden kannten die Inkarnationslinien von Johannes dem Täufer und Johannes dem Evangelisten, denn schließlich hatte Rudolf Steiner ja mehrfach darüber gesprochen.

Die Inkarnationslinie von Johannes dem Täufer sieht wie folgt aus: Abel – Elia – Johannes der Täufer – Raffael – Novalis.

Die Inkarnationslinie von Johannes dem Evangelisten bzw. Lazarus-Johannes lautet folgendermaßen:
Kain – Hiram – Johannes der Evangelist – Floris von Toledo – der Jüngling von 1250 – Christian Rosenkreutz – der Graf von Saint Germain.[83]

Die Bemerkung, die Rudolf Steiner in seinem letzten Vortrag machte, scheint also nicht mit dem übereinzustimmen, was seine Schüler im Laufe der Jahre von ihm gelernt hatten. Er sagte nämlich, als er von Elia sprach: »(…) wie die Wesenheit des Elias wiederum erschienen ist in Lazarus-Johannes, was ja ein und dieselbe Gestalt ist, wie Sie schon aus meinem [Buch] ›Christentum als mystische Tatsache‹ ersehen.«[84]

Wie anhand der oben angeführten Inkarnationslinie feststellbar, ist dies nicht korrekt. Denn Elia hat sich später zwar in Johannes den Täufer inkarniert, wie man dort ablesen kann, nicht aber in Lazarus-Johannes.

Als Rudolf Steiner diese Aussage gemacht hatte, gab es deshalb einen Aufschrei im Saal: Man dachte, Rudolf Steiner habe sich geirrt. Doch etwas später sagte er darüber hinaus auch noch, dass der Impuls, der in Lazarus-Johannes lebte, später in dem Maler Raffael und dem Schriftsteller Novalis wiederkehren würde. Auch das ist nach dem obigen Inkarnationsdiagramm nicht richtig. Wie dort abzulesen ist, inkarnierte Johannes der Täufer später in Raffael und in Novalis, Johannes der Evangelist hingegen in Christian Rosenkreutz und in den Grafen von Saint Germain.

Rudolf Steiner schrieb im Krankenbett noch viele Artikel, doch er kam während jener Zeit nie wieder auf diese Bemerkungen und auf die Verwirrung zurück, die diese damals bei seinen Anhängern ausgelöst hatten. Dies ist umso auffälliger, als wir davon ausgehen können, dass Rudolf Steiner von dieser Verwirrung wusste. Seine Frau Marie Steiner wird ihm sicherlich davon erzählt haben, und wahrscheinlich auch Ita Wegman – seine Ärztin –, die ihn während seiner Krankheit täglich versorgte.

Die Anhänger Rudolf Steiners leben seither mit der Frage: »Was wollte Rudolf Steiner uns eigentlich mit diesem letzten Vortrag verdeutlichen?«

Ein geistiges Vermächtnis

Jetzt wird auch verständlich, was ich im vorigen Kapitel über das letzte Gespräch zwischen Graf Ludwig von Polzer-Hoditz und Rudolf Steiner geschrieben habe. In diesem Gespräch sagte Rudolf Steiner, dass es für die Zukunft von größter Wichtigkeit sei, dem Geheimnis der zwei Johannes auf die Spur zu kommen – und damit Erkenntnis über die Art und Weise zu gewinnen, wie sich diese beiden miteinander verbunden haben. Mit anderen Worten: Die Erkenntnis dieses Mysteriums ist der geistige Auftrag, den Rudolf Steiner uns hinterlassen hat. Wir dürfen dies also als sein geistiges Vermächtnis betrachten.

Rudolf Steiner selbst hat noch lange geglaubt, dass er von seiner Krankheit wieder genesen würde. Erst im Endstadium wurde ihm klar, dass er nicht mehr gesund werden, sondern sterben würde. Ita Wegman und andere haben darauf hingewiesen, dass Rudolf Steiners Tod im Grunde dadurch verursacht worden war, dass seine Schüler nicht mehr fähig waren, noch tiefgehendere Erkenntnisse aufzunehmen. Wir dürfen daher auch annehmen, dass Rudolf Steiner auf seinem Krankenbett allmählich klar wurde, dass er inzwischen alles gesagt hatte, was seine Schüler aufnehmen konnten – mehr konnten sie weder erfassen noch verarbeiten. Deshalb wurde ihm allmählich bewusst, dass seine Aufgabe hier auf Erden beendet war. Wir können nur vermuten, dass er zu dieser Erkenntnis auch deshalb gekommen war, weil seine Schüler nicht verstehen konnten, was er mit dem Mysterium der zwei Johannes gemeint hatte.

So gesehen wird noch deutlicher, dass er die Entwicklung der Erkenntnis dieses Mysteriums als seinen geistigen Auftrag bzw. als sein geistiges Vermächtnis an seine Anhänger hinterlassen hat.

Historische Wirklichkeit und geistige Realität

Wenn wir uns mit dieser Aufgabe beschäftigen wollen, müssen wir zunächst darüber nachdenken, was dieses Geheimnis – und damit die Einswerdung der zwei Johannes – denn nun eigentlich bedeutet. Es besagt, dass zwei Menschen eins werden. »Sie werden«, so Rudolf Steiner, »zu einem Wesen«. Er sagte auch, dass sie »zu einer Einheit« werden. Von diesen beiden lebte einer auf der Erde, nämlich Lazarus-Johannes (der spätere Evangelist) und der andere, Johannes der Täufer, in der geistigen Welt. Letzterer war nämlich in jungen Jahren auf Befehl von König Herodes enthauptet worden.

Das ist aber etwas noch nie Dagewesenes, da es noch nie jemand erwähnt hat: Die Tatsache, dass zwei Menschen eins werden können, bzw. dass sie »zu einer Persönlichkeit« werden können, wie Rudolf Steiner diese Einswerdung auch umschrieben hat. Kurzum: Ein Verstorbener und ein auf der Erde Lebender werden eins.

Von da an lebt und wirkt der verstorbene Johannes der Täufer durch den anderen Johannes – durch Lazarus-Johannes. Und so finden wir überall, wo Lazarus-Johannes ist, auch Johannes den Täufer, der durch ihn spricht.

So stellt Matthias Grünewald, der Maler (1470–1528) des berühmten Polyptychons in Colmar, auf dessen Mitteltafel nicht nur Lazarus-Johannes am Fuße des Kreuzes Jesu Christi dar, sondern auch Johannes den Täufer, obwohl dieser zu dem Zeitpunkt bereits verstorben war. Dieses Gemälde ist also historisch betrachtet nicht korrekt, doch es entspricht der geistigen Realität. Offensichtlich gehörte Grünewald zu jenen Malern (wie Raffael und Leonardo da Vinci), die intuitiv, unbewusst dieses esoterische Wissen noch besaßen.

Bis zur Zeit von Rudolf Steiner blieb dieses Wissen geheim. Doch dann war er es, der diese Erkenntnis an die Öffentlichkeit brachte. Mehr noch, er hat dieses Wissen auch auf eine logische und klare Art und Weise zugänglich gemacht.

Die Einswerdung

Aber wie sind die beiden, der Täufer und der Evangelist, eins geworden? Es geschah bei der Initiation von Lazarus, über die ich in Kapitel 3 berichtet habe. Lazarus war erkrankt, und infolgedessen hatten sich seine Seele und sein Geist von seinem physischen Leib gelöst, und Lazarus hatte sich auf eine dreitägige Reise in die geistige Welt begeben. Während dieser drei Tage war er dem verstorbenen Johannes dem Täufer begegnet. Eigentlich logisch, denn die beiden kannten sich gut, hatten sich regelmäßig getroffen und waren durch ihre gemeinsame Liebe zu Jesus Christus eng miteinander verbunden. Daher hat die Kraft der Liebe sie also direkt zusammengeführt.

Wie von selbst verschmolzen sie dank ihrer gegenseitigen Liebe bei dieser Begegnung in der geistigen Welt miteinander und wurden eins. Mit anderen Worten, das Wesen von Johannes dem Täufer verband sich mit dem Geist von Lazarus. Als Jesus Christus Lazarus nach drei Tagen auf die Erde zurückrief und er, Lazarus, sich wieder mit seinem physischen Leib verband, ging Johannes der Täufer (oder die Essenz seines Wesens) mit ihm mit – schließlich waren sie eins geworden. Emil Bock beschreibt dieses Mysterium wie folgt: »Der Genius (das höhere Wesen) von Johannes dem Täufer, mit dem er (Lazarus) bereits eine innige Verbindung hatte, war nun ganz real mit seinem Ich verbunden und begleitete ihn forwährend wie ein Schatten.«[85]

Diese Einswerdung war nicht selbstverständlich, da für einen Menschen, der in seinem physischen Körper lebt, eine solche Einswerdung nicht möglich ist. Der physische Leib wirkt dann wie ein Schutzschild, der eine solche Verschmelzung blockiert. Wenn sich jedoch ein Mensch durch Krankheit, durch eine Nahtod-Erfahrung, durch einen Unfall oder ein vergleichbares Ereignis von seinem physischen Leib löst, wird eine solche Verbindung mit einer verstorbenen Person sehr wohl möglich.[86]

Die Einswerdung von Johannes dem Täufer und Lazarus war so tiefgreifend, dass sie auch in späteren Inkarnationen bestehen blieb. Als Lazarus-Johannes in einem späteren Leben als Christian Rosenkreutz auf die Erde zurückkehrte, wirkten in ihm nicht nur die geistigen Kräfte von Lazarus-Johannes, sondern auch die von Johannes dem Täufer. Gleiches gilt für die späteren Inkarnationen von Johannes dem Täufer, beispielsweise als Raffael und Novalis. In ihnen wirkte ebenfalls das geistige Wesen von Lazarus-Johannes und nicht nur das Wesen des Täufers.

Diese Einswerdung ist etwas völlig Neues in der Menschheitsgeschichte. Sie wurde erst mit der Geburt Christi auf Erden und mit seinem Geschenk des höheren Ichs (oder Selbsts) an den Menschen möglich. Denn das ist die Geisteskraft, aus der heraus sich die Menschen miteinander verbinden können.

Jetzt wird auch verständlich, warum die Anhänger Rudolf Steiners die Einswerdung des Täufers mit dem Evangelisten nicht verstehen konnten. Es war eine völlig neue Möglichkeit, die erst durch die Geburt Christi auf Erden geschaffen wurde.

Michael

Es ist beachtenswert, dass Rudolf Steiners letzter Vortrag auf den 28. September 1924 fiel, auf den Tag vor dem Michaelifest. Aus seinen Worten geht klar hervor, dass er mit seinem Vortrag auf das Michaelifest am nächsten Tag vorbereiten wollte, damit die Menschen schon etwas von der Freude erfahren konnten, die dieses Fest in Zukunft in den Herzen der Menschen hervorrufen wird. Aber woher rührt diese Freude denn nun? Was kann denn die Quelle solcher Freude sein? Um das zu erklären, verweist Rudolf Steiner sogleich auf das Geheimnis der Einswerdung der zwei Johannes-Figuren, der Einswerdung des Täufers mit dem Evangelisten. Um diese Einswerdung geht es also augenscheinlich. Das wirft sofort die Frage auf, warum denn diese Einswerdung für die Zukunft der Menschheit so wichtig ist?

Es dürfte klar sein, dass die Einswerdung der beiden Johannes-Figuren kein Einzelereignis ist, sondern dass sich darin eine neue menschliche Fähigkeit zeigt, die in Zukunft für immer mehr Menschen möglich sein wird. Es ist die Fähigkeit, dass sich zwei Menschen – der eine, der auf der Erde lebt, der andere nach seinem Tod in der geistigen Welt – miteinander verbinden, und dass die geistigen Kräfte beider einander durchdringen und sich gegenseitig in ein größeres, »heileres« menschliches Wesen verwandeln, als es jeder von ihnen zuvor war.

Wenn wir uns dieser neuen Fähigkeit bewusst werden, wenn wir sie vielleicht sogar selbst erfahren oder an anderen miterleben dürfen, wird die Tatsache, dass Menschen zusammenwachsen können, dass sie eins werden und so gegenseitig ihr Wesen zu einer höheren Entwicklung bringen können, zum Kern des Michaelifestes werden.

Rudolf Steiner nennt diese Entwicklung »das Einströmen der Michael-Kraft in das Geschehen, in das geistige Geschehen der Menschen auf Erden«.[87] Er betont auch, dass diese Erkenntnis zu den schönsten Ergebnissen der anthroposophischen Deutung der Zeichen der Zeit gehören wird. Doch erst wenn mehrere Menschen diese Erkenntnis bewusst in ihrem Herzen und in ihrer Seele tragen, wenn sie sich in ihrem Inneren von diesem Michaels-Gedanken freudig überwältigen lassen, dann erst wird sich das Michaelifest so entfalten können, wie es gedacht ist.

Und wieder stellt sich die Frage: Warum ist diese – künftige – Einswerdung von Menschen denn so wichtig für unsere Zukunft? Warum muss diese Einswerdung zum Kern des Michaelifestes werden? Erlauben Sie mir daher, im nächsten Kapitel auf die Einswerdung näher einzugehen. Denn sie ist nur zu verstehen, wenn wir uns klarmachen, dass der Mensch einst geteilt wurde, nun aber allmählich wieder zu einer Einheit werden soll.

14.

Die Einswerdung

Im Thomas-Evangelium steht folgender Text:

»Jesus sprach zu ihnen:
›Wenn ihr die zwei zu eins macht
und wenn ihr das Innere
wie das Äußere macht
und das Äußere wie das Innere
und das Obere wie das Untere
und wenn ihr das Männliche
und das Weibliche zu einem einzigen macht,
so dass das Männliche nicht männlich
und das Weibliche nicht weiblich ist,
(...)
dann werdet ihr
in das Königreich eingehen‹.«[88]

Adam und Eva

In der universellen Lehre der esoterischen Tradition ist die Einswerdung kein unbekanntes Konzept. Auch im obigen Text aus dem Thomas-Evangelium – das 1945 in Ägypten im Nilufersand gefunden wurde – sehen wir, wie dem Menschen der Sieg über die Dualität und damit das Streben nach Einswerdung als Auftrag mit auf den Weg gegeben wird. Schließlich leben wir in einer Welt voller Gegensätze und Dualitäten. Einige wurden bereits oben erwähnt: das Männliche und das Weibliche, das Innere und das Äußere, die Erde und der Himmel (im Text als »das Obere« und »das Untere« bezeichnet). Die Einswerdung wird mit den Worten »wenn ihr die zwei zu eins macht« angedeutet. Ist es nicht genau das, was mit Lazarus-Johannes und Johannes dem Täufer geschah? Dass diese zwei zu einem geworden sind?

Aber gibt es dann auch einen bestimmten Moment, in dem die Dualität mit einem Sturz aus der Welt des Einsseins ihren Anfang genommen hat? Mit anderen Worten, wo und wann hat diese Dualität oder Zweiteilung tatsächlich begonnen? Es begann, so erzählt die Bibel, im Paradies, als die Schlange (Luzifer) begann, auf den Menschen einzuwirken.[89] Durch ihre verführerischen Tricks spaltete sich der eine Urmensch Adam – der androgyn und somit sowohl männlich als auch weiblich war – in zwei Teile: in einen weiblichen Teil, der Eva genannt wurde, und einen männlichen Teil, der – nach dem Urmenschen – ebenfalls Adam genannt wurde. Letzteres hat zu vielen Missverständnissen geführt. In einer späteren Epoche waren die Menschen nämlich nicht mehr dazu imstande, zwischen dem Ur-Adam und dem männlichen Wesen Adam zu unterscheiden, das nach der Spaltung des Ur-Adams entstand.

Dies führte zu dem Missverständnis, dass Eva, der weibliche Teil, lediglich eine Abspaltung von Adam sei. Dieser Irrglaube wurde durch eine falsche Übersetzung noch verstärkt. Im ersten Buch Mose (2,21f.), zu Beginn der Bibel, heißt es, dass Eva aus einer Rippe von Adam entstanden ist. Das hebräische Wort, das mit »Rippe« übersetzt wird, kann jedoch auch »die Hälfte« (oder: »die Seite« oder »die Flanke«) bedeuten, wie in diesem Fall.[90] Eva ist folglich nicht aus einer Rippe Adams entstanden, nein, sie ist die eine Hälfte des Ur-Adams.

Die zweite Dualität

Wir stellen also fest, dass die Dualität zwischen Mann und Frau die erste war, die entstand. Bald darauf folgte eine zweite Dualität: die Dualität zwischen Kain und Abel, den Kindern Evas.[91] Abel war der Mann, der noch in einer lebendigen Verbindung mit der geistigen Welt stand und seine gesamte Aufmerksamkeit, Energie und Liebe auf sie richtete. Er blieb Hirte, hatte keinen festen Wohnsitz, zog mit seinen Herden umher und lebte von dem, was die Natur ihm schenkte. Kain hingegen richtete seine ganze Aufmerksamkeit auf die Erde und begann, sie zu nutzen. Er wurde Bauer und Schmied und verlor allmählich die lebendige Verbindung zur geistigen Welt.

Doch warum war diese Spaltung eigentlich notwendig? Der Mensch hatte einfach zu wenig Energie und zu wenig Bewusstsein, um sich sowohl auf den Himmel als auch auf die Erde zu konzentrieren. Also wurde diese Aufgabe auf zwei verschiedene Gruppen von Menschen aufgeteilt. Deshalb entstand die zweite Dualität, nämlich die zwischen den Menschen, die sich in erster Linie mit der geistigen Welt verbunden fühlten (Abel und seine Nachkommen), und den Menschen, die begannen, sich in erster Linie auf die Erde zu konzentrieren (Kain und seine Nachkommen).

In der Bibel steht, dass Kain seinen Bruder Abel erschlagen hat. Wir sollten dies nicht wörtlich nehmen, sondern geistig, nämlich so, wie es gemeint ist: Kain tötete den Abel in sich selbst. Das heißt, er tötete (unbewusst) durch seine einseitige Ausrichtung auf die Erde die Fähigkeit, in einer lebendigen Verbindung mit der geistigen Welt zu bleiben. Es ist also das Schicksal des Kain-Menschen – und die meisten von uns sind Kain-Menschen, die hart daran arbeiten, die Welt weiterzuentwickeln –, dass er die Verbindung zur geistigen Welt verliert. Dieses Schicksal des Kain-Menschen betrifft heute mehr Menschen als je zuvor.

Kain und Abel

Wenn wir nun in den Inkarnationslinien der zwei Johannes jeweils auf ihre erste Inkarnation zurückblicken, stellen wir fest, dass die Linie von Johannes dem Täufer mit Abel beginnt. Der Täufer ist also derjenige, der – wie Abel – in einer lebendigen Verbindung mit der geistigen Welt stand. Die Inkarnationslinie von Lazarus-Johannes hingegen geht auf Kain zurück. Lazarus-Johannes ist folglich derjenige, dessen Hauptaugenmerk auf der Weiterentwicklung der Erde liegt. Letztendlich wird er zwar – indem er den Einweihungsweg beschreitet – eine neue Verbindung zur geistigen Welt erhalten, doch in der ersten Hälfte der Evolution, bis zur Geburt Christi, wird er einseitig (hauptsächlich) auf die Erde ausgerichtet bleiben.

Der Weg des Lazarus-Johannes wird noch deutlicher, wenn wir uns in Erinnerung rufen, dass er in einem früheren Leben Hiram war, der Tempelbauer aus dem Libanon, der König Salomon bei der Verwirklichung seiner Ideen helfen sollte. Salomon war zwar von himmlischer Weisheit erfüllt und ein Eingeweihter, doch fehlte es ihm an irdischem Wissen und somit an Architekturkenntnissen. Hiram hingegen war kein Eingeweihter, strebte dies aber an. Er besaß keine himmlische Weisheit, wohl aber Kenntnisse in der Architektur. So wird deutlich, dass Salomon in der Linie des Abel und Hiram in der Linie des Kain stand.

Wenn wir all dies meditativ auf unsere Seele wirken lassen, wird noch deutlicher, welch eine Ausnahme es war, dass Lazarus-Johannes und Johannes der Täufer eins wurden. Mit ihnen wurde die uralte Dualität durchbrochen (die bereits mit Kain und Abel begonnen hatte) und in eine Einheit verwandelt!

Die Einswerdung von Johannes dem Täufer und Lazarus-Johannes ist nur der Anfang. Die gesamte weitere Entwicklung des Menschen und der Erde wird von einer zunehmenden Einswerdung geprägt sein, die mit den beiden Johannes begonnen hat. Was unsere

Zeit betrifft, denken wir nur an den Kampf um die Gleichstellung von Mann und Frau – ein wichtiger Schritt auf dem Weg zur Einswerdung dieser beiden.

Ein neuer Entwicklungsweg

Wenn wir uns nun die Mitteltafel des Polyptychons des Isenheimer Altars von Matthias Grünewald in Colmar ins Gedächtnis rufen (oder einen Blick ins Internet werfen), so zeigt sie Johannes den Täufer und Lazarus-Johannes, die beide am Fuße des Kreuzes stehen. Ich habe bereits erwähnt, dass dies historisch nicht korrekt ist, weil der Täufer zu jenem Zeitpunkt bereits verstorben war. Doch Matthias Grünewald wollte uns mit diesem Bild zeigen, was durch die Geburt Christi auf Erden möglich wird: der Sieg über die Dualität und damit der Beginn der Einswerdung. Er wollte kundtun, dass Johannes der Täufer in und durch Lazarus-Johannes wirkt und somit im geistigen Sinne durchaus auf Golgatha anwesend war. Seine Absicht war es, den tiefen Sinn des Mysteriums von Golgatha bildhaft zum Ausdruck zu bringen, die Veranschaulichung, wie die Geburt Christi beim Tod Jesu Christi am Kreuz den großen Prozess der Einswerdung einläuten und ermöglichen sollte.[92]

Das Mysterium von Golgatha war in der Tat nur der Anfang. Die gesamte weitere Entwicklung des Menschen – Leben für Leben – wird von diesem Prozess beherrscht sein, von dem fortschreitenden Sieg über die Dualität, bis alle Dualität überwunden ist und der Mensch wieder in einer Welt der Einheit lebt. Dann endlich wird der Himmel auf Erden geboren werden, um es in der Sprache der Bibel zu sagen. Dann werden der Tod und alle Finsternis überwunden sein, und es wird Frieden auf Erden herrschen.

Dieser Prozess wird sich über Jahrhunderte, ja über Jahrtausende hinziehen. Auf diesem Weg wird auch die Erde noch mehrmals sterben und neu geboren werden. Auch wir Menschen werden durch

Stürme, Kriege und andere heftige Herausforderungen gehen, bevor diese einsetzende Einswerdung in allen Bereichen und Dimensionen – in uns selbst und um uns herum – vollzogen sein wird.

Die Einswerdung der zwei Johannes steht am Anfang dieses Entwicklungsweges und zeigt: Das ist der Weg, den wir Schritt für Schritt gehen dürfen – und folglich auch in unserer heutigen Zeit. Dies ist der Weg, dessen wir uns bewusst werden müssen. Ein Weg, den Christus selbst möglich gemacht hat. All unsere Lebenserfahrungen – auch die dunklen, ja, gerade die dunklen (denn daran lernen wir ja am meisten) – werden von dieser Aufgabe bestimmt sein, nämlich Schritt für Schritt den Weg der Einswerdung zu gehen und die Dualität zu überwinden. Die Dualität in uns selbst, doch auch die Dualität, die uns von den anderen getrennt hält.

Ist es das, was Rudolf Steiner sagen wollte, als er in seinem letzten Vortrag seinen Schülern das Mysterium der zwei Johannes vermittelte? Wollte er zeigen, dass wir damit und dadurch einen neuen Entwicklungsweg eingeschlagen haben, der Jahrhundert für Jahrhundert im Zeichen der Einswerdung stehen wird?

Einige – möglicherweise überflüssige – Anmerkungen

Zum Abschluss dieses Buches möchte ich (im nächsten Kapitel) Ihre Aufmerksamkeit auf den Höhepunkt der Vereinigung der zwei Johannes lenken: das so besondere Ergebnis, zu dem diese Einswerdung schließlich führen wird, nämlich zur Erschaffung des Menschen, der Christus gleich geworden ist. Das ist durchaus ein schwindelerregender und großartiger Ausblick, zumal diese Wachstumsmöglichkeit jedem Menschen offensteht, folglich auch uns sowie unseren Kindern und unseren Lieben.

Bevor ich das tue, möchte ich jedoch kurz, aber hoffentlich dennoch deutlich auf einige Themen eingehen, die ich in diesem Buch leider auslassen musste. Ich habe hier nämlich alles, was Rudolf

Steiner über das Thema der zwei Johannes erzählt hat, auf das Wesentliche reduziert und daher allerhand faszinierende und spannende Themen ausgeklammert.

Er hat beispielsweise ausführlich über Elia und dessen spätere Inkarnation als Johannes der Täufer gesprochen, nämlich, wie in Elia – und damit auch in Johannes dem Täufer – ein (Volks-)Engel wirkte, und Johannes der Täufer deshalb oft mit Engelsflügeln dargestellt wurde. Vor allem Emil Bock hat diese Erkenntnisse zu lesbaren Geschichten ausgearbeitet.[93]

Zudem sprach Rudolf Steiner ausführlich über Hiram und Salomon und über ein Märchen von Goethe: Das Märchen von der grünen Schlange und der schönen Lilie. Dieses Märchen bietet einen tiefen Einblick in die großen Geheimnisse, die mit den beiden verbunden sind. Es zeigt, dass Hirams Werk im Wesentlichen ein verfrühter Versuch war, die Einswerdung zwischen der Abel- und der Kain-Linie zu erreichen. Dieser Versuch musste jedoch scheitern, weil der Christus noch nicht auf die Erde hinabgestiegen und der Mensch daher noch nicht fähig war, sich mit seinem höheren Selbst zu verbinden.[94] Genau diese Kraft macht die Einswerdung erst möglich.

Ich bin auch nicht auf die Tatsache eingegangen, dass die Abel-Linie gewöhnlich als Abel-Seth-Linie bezeichnet wird, und zwar benannt nach Seth, dem dritten Sohn Evas, dessen Name wahrscheinlich »Stellvertreter« bedeutet – Ersatzmann für Abel.

Ich habe auch nicht darüber geschrieben, dass Lazarus-Johannes sehr wahrscheinlich der reiche junge Mann ist, von dem Matthäus in seinem Evangelium berichtet (19,16–22). Er hing sehr an seinem Besitz und wusste nicht, wie man eine lebendige Verbindung mit der geistigen Welt herstellen kann. Es ist eine Geschichte, die zeigt, dass Lazarus-Johannes in der Kain-Linie stand und daher keine Verbindung zur geistigen Welt hatte.

Ich bin auch nicht näher darauf eingegangen, wie sich die Verschmelzung der zwei Johannes vollzog. Marie Steiner spricht von einer »Inkorporation«: Sie erklärt, dass Johannes der Täufer sich zum Teil mit Lazarus-Johannes verbunden hat. Und zwar mit dessen Astralleib und dessen Geist, nicht jedoch mit dessen physischem Leib und Ätherleib. Heute teilen viele ihre Ansicht.[95]

Wer das Werk Rudolf Steiners kennt, wird selbst wissen, welche weiteren Themen ich leider unerwähnt lassen musste. Doch vielleicht ist dies ein Ansporn, selbst im Werk Rudolf Steiners zu lesen, um sich in diese Themen weiter zu vertiefen.

15.

Die Vision des zukünftigen Menschen

Die Wassermann-Einweihung von Johannes dem Täufer

Johannes der Täufer, der Prophet Elia, der zu einem neuen Leben zurückkehrt war, war ein besonderer und einzigartiger Mann.[96] Er stammte aus dem priesterlichen Geschlecht Aarons (dem Bruder von Mose), was zeigt, dass er in der Linie von Abel stand. Er war ein Neffe von Jesus. Diese familiäre Beziehung deutet bereits darauf hin, dass er eine innige Verbundenheit mit Jesus Christus hatte und ihm in allem dienen sollte und wollte. Der Höhepunkt dieser Hingabe fand bei der Taufe im Jordan statt: Es war Johannes, der Jesus taufte, wobei sich der Christusgeist mit dem Menschen Jesus verband bzw. in ihm inkarnierte.

Johannes der Täufer hat, so berichtete Rudolf Steiner, eine besondere Einweihung empfangen, die Wassermann-Einweihung. Das bedeutete, dass sein Wesen von seinem eigenen Engel durchdrungen wurde, der von da an durch ihn wirkte. Diese innige Verbindung mit seinem Engel hatte tiefgreifende Folgen. Der Astralleib des Johannes wurde dadurch auf eine höhere Ebene transformiert, auf die des Geistselbst oder Manas, wie diese höhere Ebene auch genannt wird. Seine Seele – und damit sein Astralleib – war vor dieser Einweihung gereinigt und von allem Dunklen befreit worden. Nur durch diese Reinigung konnte der Astralkörper des Johannes auf diese höhere Ebene des Geistselbst transformiert werden.

Vor allem auf russischen Ikonen sehen wir Johannes den Täufer oft mit Engelsflügeln dargestellt – ein Symbol für seine Wassermann-Einweihung.

Die Menschen zur Zeit von Johannes dem Täufer – folglich auch er selbst – hatten sich bis zu einem gewissen Grad weiterentwickelt. Sie hatten im Laufe ihrer Entwicklung über viele Leben hinweg folgende Wesensglieder erhalten:

- den »physischen Leib« (vergleichbar mit einem leblosen Körper);
- den »*Ätherleib*«, auch »Lebensleib« genannt, der dem physischen Leib Leben verleiht (vergleichbar mit einem schlafenden Menschen);
- den »Astralleib«, (vergleichbar mit einem wachen, aktiven und bewussten Menschen). Dieses Wesensglied, der Astralleib, ist der Träger der Seele. Mit anderen Worten, im Astralleib entfaltet sich die Seele.

Johannes der Täufer weist den Weg

In unserem Astralleib entwickelt sich allmählich, Schritt für Schritt, unsere Seele. Wenn wir aber Johannes den Täufer betrachten, sehen wir, dass er seine Seele bereits weiterentwickelt hatte als seine Zeitgenossen. Neben der Fähigkeit zur Wahrnehmung (seiner »Empfindungsseele«) und neben der zum Denken und Fühlen (seiner »Verstandes- und Gemütsseele«) hatte er auch schon den dritten und letzten Teil seiner Seele erhalten – sein höheres Bewusstsein bzw. seine »Bewusstseinsseele«. Dies war eine Ausnahme und nur wenigen hohen Eingeweihten vorbehalten.

Andere Menschen erhielten (oder erhalten) diese Bewusstseinsseele erst später, denn sie werden diese Fähigkeit erst in der fünften postatlantischen Kulturperiode erwerben, die im Jahr 1413 begann und erst im Jahr 3573 enden wird. Die meisten von uns sind also in diesem Leben unter anderem damit beschäftigt, sich dieses Bewusstsein zu eigen zu machen. Viele Lebenserfahrungen, auch die schmerzhaften, dienen dieser Aufgabe.

Diese Bewusstseinsseele wurde Johannes dem Täufer also schon früher zuteil. Er benötigte sie zu seiner Zeit, denn nur so konnte sein eigener Engel ihn bei seiner Wassermann-Einweihung durchdringen und durch ihn wirken.

So besaß Johannes der Täufer nach seiner hohen Wassermann-Einweihung zwei Wesensglieder, über die der Rest der Menschheit zu seiner Zeit noch nicht verfügte: seine »Bewusstseinsseele« und seinen transformierten Astralleib (das »Geistselbst« auch »Manas« genannt).

Das Geistselbst, das Johannes der Täufer erhielt, werden andere Menschen erst in Zukunft empfangen und sich zu eigen machen. Sie müssen sich in der gegenwärtigen Kulturperiode – in der, wie oben erwähnt, fünften postatlantischen Kulturperiode, zuerst ihre Bewusstseinsseele zu eigen machen, um sich erst dann, in der sechsten postatlantischen Kulturperiode (3573–5733), das Geistselbst anzueignen. Wir können also sagen, dass Johannes der Täufer in seiner Entwicklung weit voraus war, verglichen mit dem Rest der Menschheit!

Die Templer

Solche Vorläufer hat es übrigens im Laufe der Geschichte immer wieder gegeben. Wir kennen zum Beispiel die Tempelritter, die sich zu ihrer Zeit – im 12. und 13. Jahrhundert – bereits auf die sechste postatlantische Kulturperiode (3573–5733) vorbereiteten. Obwohl diese Vorbereitung notwendig erschien, waren die Tempelritter in gewisser Hinsicht zu früh dran. Sie durften nur die geistigen Grundlagen für diese zukünftige Entwicklung schaffen, jedoch noch nicht das eigentliche »Geistselbst« erreichen; denn das bleibt uns erst für die Zukunft, im Wassermann-Zeitalter bzw. in der sechsten postatlantischen Kulturperiode, vorbehalten.

Das Geschenk von Johannes dem Täufer

Als der andere Johannes – der Evangelist bzw. Lazarus-Johannes – von Jesus Christus geweiht wurde und drei Tage in der geistigen Welt (in der Sonnensphäre) verbrachte, verband er sich dort mit Johannes dem Täufer, der zu jenem Zeitpunkt (wie ich bereits erwähnte) schon enthauptet worden und gestorben war. Eine tiefe Liebe – basierend auf ihrer gemeinsamen Liebe zu Jesus Christus – hat die beiden zueinander hingezogen. In der Verbindung, die dann entstand, schenkte Johannes der Täufer dem anderen Johannes die Kräfte seiner Bewusstseinsseele und seines Geistselbst.

Es waren diese Gaben des Täufers – und damit auch diese Kräfte –, die aktiviert wurden, als Johannes der Evangelist am Fuße des Kreuzes stand. Nur durch diese Kräfte war er fähig, dort völlig bewusst zu stehen und das Leiden Jesu Christi mitzutragen und zu teilen. Erinnern wir uns daran, dass das Leiden Jesu Christi größer war als alles, was je ein Mensch ertragen hat, wie Rudolf Steiner erklärt. Johannes der Evangelist trug dieses Leiden seines geliebten Meisters ganz bewusst mit, wohl wissend, dass dabei das Schicksal der gesamten Menschheit auf dem Spiel stand. Das war nur durch die Geschenke des Täufers möglich.

Zwei weitere große Geschenke

Der Mensch wird eines Tages ein vollkommener Mensch sein, d. h., ein neungliedriger Mensch, der neun Wesensglieder besitzt. Wie wir gesehen haben, verfügen wir Menschen bis jetzt über:

- einen physischen Leib,
- einen Ätherleib,
- einen Astralleib,
- eine Empfindungsseele,
- eine Verstandes- und Gemütsseele,
- während wir aktuell dabei sind, uns unsere Bewusstseinsseele zu eigen zu machen.

Johannes der Evangelist hingegen verfügte am Fuße des Kreuzes über ein weiteres Wesensglied:

- sein »Geistselbst« oder »Manas«, das er (wie auch seine Bewusstseinsseele) von Johannes dem Täufer erhalten hatte.

Dort aber, am Fuße des Kreuzes, erhielt er zwei weitere Gaben, die letzten beiden Wesensglieder, die sich ein Mensch eines Tages, in ferner Zukunft, zu eigen machen wird:

- seinen »Lebensgeist« oder »Buddhi« (also seinen auf eine höhere Ebene transformierten Ätherleib) und
- seinen »Geistesmenschen« oder »Atman« (seinen auf eine höhere Ebene transformierten physischen Leib).

So stand Johannes der Evangelist am Fuße des Kreuzes als der vollkommene Mensch, der wir alle einmal in ferner Zukunft sein werden. Dort durfte er zeigen, welch große Entwicklung durch das

Opfer Jesu Christi möglich wird. Mit anderen Worten: welche neuen Fähigkeiten der Mensch dank der Geburt Christi auf Erden noch erhalten wird.

So wurde Lazarus-Johannes am Fuße des Kreuzes zum Zeugen des Menschen, der wir eines Tages sein werden.

Sergej Prokofieff hat diese großen Geheimnisse in einem kleinen Büchlein aufgelistet: »Johannes der Täufer und Johannes der Evangelist«.[97] In diesem Büchlein hat er auch das Ergebnis seiner Nachforschungen über diejenigen aufgenommen, die Johannes dem Evangelisten die beiden letzten Wesensglieder – den Lebensgeist bzw. Buddhi und den Geistesmenschen bzw. Atman – verliehen haben. Dies sind Zarathustra und Aristoteles. Sergej Prokofieff konnte diese beiden außergewöhnlichen Menschen durch ein gründliches Studium der verschiedenen Äußerungen Rudolf Steiners über sie identifizieren.

Ein Bild, das mich tief berührt

Vor meinem geistigen Auge sehe ich das Kreuz auf Golgatha vor mir. Ich sehe Jesus Christus leiden, ich höre die Worte, die er vom Kreuz aus spricht. Ich sehe die Blutstropfen, die aus den Wunden seiner Hände und Füße rinnen. Ich sehe, wie sie von der Erde aufgesogen und in ihr aufgenommen werden.

Ich sehe, wie sich die Sonne verdunkelt, wie es dunkel wird. Pechschwarz.

Ich sehe Johannes neben der Mutter Jesu Christi vor dem Kreuz stehen. Ich sehe seinen Wesensreichtum, wie er dank der Gaben von Johannes dem Täufer, von Zarathustra und von Aristoteles zu einem vollkommenen Menschen wurde. Ich sehe, wie diese Entwicklung durch das Opfer von Jesus Christus möglich wurde.

Ich sehe in diesem Bild die weitere Zukunft der Menschheit, wie wir nach dem Vorbild von Johannes dem Evangelisten wachsen werden, Leben für Leben, bis auch wir, genau so wie er, ein neungliedriger Mensch geworden sind, ein vollkommener Mensch, wahrhaftig die Schwester bzw. der Bruder von Christus.

Ich sehe Jesus Christus sterben. Atemlose, fassungslose Stille.

Ich beobachte, wie der tote Körper von Jesus Christus zu leuchten beginnt und ein sanftes Licht ausstrahlt, ein immer größer werdendes Licht, bis alle Dunkelheit verschwunden und es wieder Licht geworden ist.

Ich schaue und schaue.

Dieses Bild – ich sehe es wieder und wieder. Und jedes Mal berührt die unvorstellbare Größe dieses Bildes mein Herz ganz tief.

Schlusswort

Eine innige Freundschaft

All die großen Erkenntnisse, die in diesem Buch niedergelegt sind, können wir heute mit unserem Denken erfassen. Auch wenn wir uns dazu sicherlich anstrengen müssen, weil sie für uns so neu sind.

Dieses Geschenk der Erkenntnis haben wir Rudolf Steiner zu verdanken. Er hat die alten biblischen Bilder, die uns mit der Zeit unverständlich geworden waren, in eine klare, logische Sprache umgewandelt, sodass wir diese großen Erkenntnisse auf eine neue Weise begreifen können. Mit einer Denkweise, die uns in der heutigen Zeit zu eigen ist. Dafür bin ich ihm sehr dankbar.

Aber wie konnte er diese großen Geheimnisse, insbesondere die vielen Geheimnisse des Evangelisten Johannes, verstehen und übersetzen? Dies wurde ihm durch die Kraft der Liebe möglich. Die Liebe, die Johannes und ihn in einer tiefen, unverbrüchlichen Freundschaft verband. Von dieser Liebe getragen, lernte er Johannes kennen. Und je tiefer seine Liebe zu Johannes wurde, desto besser und tiefer »kannte« er Johannes, d. h., er verstand sein Wesen und seine Geheimnisse.

Im Altniederländischen wurde für »eine Beziehung haben« das Wort »sich bekennen« (»kennen«) verwendet. Wenn man einander liebt, lernt man sich kennen und hat selbstverständlich eine Beziehung mit dem anderen – geistig und/oder körperlich.

Im geistigen Sinne können wir dieses Bild auch auf Johannes und Rudolf Steiner anwenden: Sie liebten sich im geistigen Sinne. Eine Liebe, die wuchs. Und je tiefer diese geistige Liebe wurde, desto mehr verstanden sie gegenseitig die Geheimnisse des anderen.

So war es die Liebe, die Rudolf Steiner auf die Spur der großen Geheimnisse von Johannes dem Evangelisten brachte. Und durch sie kam er auf die Spur der großen Mysterien Jesu Christi.

Johannes und Rudolf Steiner – eine innige Freundschaft. Eine Freundschaft, aus der so viele Gaben der Erkenntnis für uns hervorgegangen sind. Ihre Freundschaft hat uns einen besonderen Reichtum beschert.

Der Aufbau des Menschen

Ein Mensch ist mehr als nur sein physischer Leib. Laut dem Apostel Paulus, der viele Briefe geschrieben hat, von welchen eine ganze Reihe in die Bibel aufgenommen wurden, besteht der Mensch »aus einem Körper, einer Seele und einem Geist«. Im esoterischen Christentum wird diese Dreigliederung zu einer Viergliederung weiterentwickelt. Und zwar folgendermaßen:

Zunächst einmal besitzt der Mensch einen physischen Leib. Dieser physische Leib wird durch geistige Energien zum Leben erweckt, die (in der östlichen Tradition) auch als »Prana« oder (in der westlichen Tradition) als »der Atem Gottes« bezeichnet werden. Diese Energien fließen in Form eines Körpers um und durch den physischen Körper. Dieser geistige Körper wird als »Ätherleib« bezeichnet und ist in der Regel ein wenig größer als der physische Leib.

Betrachten wir einmal den Unterschied zwischen einem toten Menschen und einem schlafenden Menschen. So können wir genau erkennen, welche Aufgabe der Ätherleib hat. Er erweckt den physischen Leib zum Leben. Ein toter Körper ist ein physischer Leib, der vom Ätherleib verlassen wurde und deshalb tot ist. Der schlafende Leib wird jedoch vom Ätherleib am Leben erhalten. Paulus nennt den physischen Leib und den Ätherleib zusammen einfach den »Körper«. Das ist verständlich, denn ohne den Ätherleib wäre unser physischer Leib tot bzw. ein Leichnam.

Neben dem physischen Leib und dem Ätherleib besitzt der Mensch (nach Paulus) auch eine Seele. Diese ist über den »Astralleib« mit dem Ätherleib und dem physischen Leib verbunden. Die Seele ist ja etwas Geistiges und enthält unsere Charaktereigenschaften, unsere Triebe und unsere Gefühle. Da unsere Seele aus einer höheren, einer geistigen Substanz besteht, muss es eine Instanz oder eine Kraft geben, die unsere Seele mit unserem physischen Leib verbindet. Diese Instanz ist der Astralleib.

Unser Astralleib ist der Träger unserer Seele und verbindet unsere Seele mit dem physischen Leib und dem Ätherleib. Die beiden, unsere Seele und unser Astralleib, sind so eng miteinander verbunden, dass sie wie eine »Zwei-Einheit« erscheinen.

Dieser zweite geistige Leib ist größer als der Ätherleib und der physische Leib, er hat eine besondere Ausstrahlung. Hellsichtige nehmen die Farbenpracht dieses Leibes als Aura wahr.

Betrachtet man den Unterschied zwischen einem schlafenden Menschen und einem wachen bzw. bewussten Menschen, so sieht man, was die Seele (in enger Zusammenarbeit mit dem Astralleib) bewirkt: Sie weckt uns auf und macht uns bewusst, so dass wir fähig werden, aktiv am irdischen Leben teilzunehmen.

In diesen drei Körpern (physischer Leib, Ätherleib und Astralleib) lebt das »Ich« des Menschen. Dieses Ich besteht aus zwei Teilen: aus dem »niederen Ich« oder »Ego«, das an den physischen Leib gebunden ist, und aus dem »höheren Ich«, auch unser »höheres Selbst« oder »Geistselbst« genannt, das aus der Welt des Geistes stammt.

Fazit: Gemäß der Lehre des esoterischen Christentums besteht der Mensch also aus einem physischen Leib, einem Ätherleib, einem

Astralleib, der der Träger der Seele ist, sowie aus einem Ich, in dem der Geist lebt.

Anmerkungen

1 Siehe meine Bücher »Esoterische Bibellektüre II, Johannes der Eingeweihte«, *(»Esoterisch Bijbellezen II, Johannes de Ingewijde«)*, Verlag De Heraut 2013 (siehe auch Fußnote 7) und: »Der Seher von Patmos«, *(»De Ziener van Patmos«)*, Verlag AnkhHermes, 3. Auflage 2009.

2 Zu dieser Datierung siehe Malte Diekman, »September 1900, Das Gestanden-Haben vor dem Mysterium von Golgatha im Lebensgang Rudolf Steiners«, Verlag am Michaelshof 2006, S. 40.

3 Rudolf Steiner, »Mein Lebensgang«, Verlag Freies Geistesleben 1993, S. 294.

4 Rudolf Steiner: »Das Johannes-Evangelium«, Rudolf Steiner Verlag, 5. Auflage 2016. In diesem Buch sind die Vorträge aufgenommen, die er 1908 in Hamburg über dieses Evangelium gehalten hat.

5 Eine kurze Zusammenfassung dieser Erkenntnisse finden Sie unter: http://www.vrijgeestesleven.be/diabasis/b11evol.htm. Weitere Ausführungen auch bei Rudolf Steiner, »Die Akasha-Chronik, Schilderungen vergangener Entwicklungsstufen des Menschen und der Erde«, Pentagon Verlag 2004.

6 Siehe beispielsweise: C. G. Jung u. A., »Der Mensch und seine Symbole«, Patmos Verlag 2012. Zudem steht in meinem Bücherregal neben den gesammelten Werken von Jung auch das Buch von Dr. Ernst Aeppli »Der Traum und seine Bedeutung«, Droemer Knaur Verlag 2000. Dieses Buch erklärt verschiedenste Traumsymbole auf der Grundlage der Arbeiten von C. G. Jung.

Im Laufe der Jahre habe ich dieses Buch oft morgens zur Hand genommen, wenn ich wieder einen Traum hatte, der mir im Gedächtnis geblieben war.

7 Siehe Hans Stolp, »Der Seher von Patmos«, *(»De Ziener van Patmos«)*, Verlag AnkhHermes, 3. Auflage 2009 und: Hans Stolp, »Johannes der Eingeweihte«, *(»Johannes de Ingewijde«)*, Verlag AnkhHermes 1999. Dieses Buch ist noch immer erhältlich bei: Verlag Stiftung De Heraut unter dem Titel »Esoterische Bibellektüre II, Johannes der Eingeweihte«, *(»Esoterisch Bijbellezen II, Johannes de Ingewijde«)*.

8 Siehe dazu auch u. A. Emil Bock, »Urchristentum I – Cäsaren und Apostel«, Urachhaus 1958.

9 Ebd.

10 Siehe Rudolf Steiner: »Das Johannes-Evangelium«, a. a. O.

11 Die Vorträge wurden gesammelt in dem Buch »Vruchtbare aarde«, Verlag Ef & Ef Media 2019.

12 W. F. Veltman, »Rudolf Steiner – Een biografie«, Verlag Lulu.com 2011, S. 87.

13 Ebd., S. 85

14 Rudolf Steiner, »Mein Lebensgang«, Verlag Freies Geistesleben 1993, S. 294.

15 Malte Diekmann vermutet, dass Rudolf Steiner dreieinhalb Tage vor dem Mysterium von Golgatha gestanden hatte, so lange, wie der Eingeweihte in der geistigen Welt zu verweilen pflegt. Siehe sein Buch: »September 1900, Das Gestanden-Haben vor dem Mysterium von Golgatha im Lebensgang Rudolf Steiners«, a.a.O., S. 31f.

16 Meine Erläuterungen dazu finden sich in meinem Buch »Rudolf Steiner – Die Geheimnisse der christlichen Esoterik«, Aquamarin Verlag 2023.

17 Siehe Sergej O. Prokofieff, »Das Erscheinen des Christus im Ätherischen«, Verlag am Goetheanum 2010, S. 113.

18 Malte Diekmann, »September 1900«, a.a.O., S. 31.
19 Johannes-Evangelium 20,2.
20 Johannes-Evangelium 13,21ff.
21 Erläuterungen hierzu sowie weitere Erkenntnisse zu dem rätselhaften Wesen des Lazarus-Johannes finden sich bei: Emil Bock, a.a.O.
22 Ebd.
23 Johannes-Evangelium 21,22.
24 Siehe Rudolf Steiner, »Wie erlangt man Erkenntnisse der höheren Welten?«, Verlag Freies Geistesleben, 11. Auflage 1985, S. 184, wo es vom Hüter der Schwelle heißt: »Er bringt seine Gaben dar auf dem Opferaltar der Menschheit.«
25 Rudolf Steiner, »Das Christentum als mystische Tatsache und die Mysterien des Altertums«, Verlag Freies Geistesleben, 2002.
26 Johannes-Evangelium 11,53.
27 Siehe Rudolf Steiner, »Das Johannes-Evangelium«, a.a.O. Siehe auch mein Buch: »Jesus Christus«, Aquamarin Verlag, 2021.
28 Siehe Michel Gastkemper, der in seinem Beitrag »Rudolf Steiner und das christliche Mysterium« schreibt: »Seine Entscheidung zur ›Enthüllung‹ hat Steiner nicht auf höheres Geheiß hin getroffen, sondern auf eigene Verantwortung.« In: Rudolf Steiner, »Das Christentum als mystische Tatsache und die Mysterien des Altertums«, Rudolf Steiner Übersetzungen 2000, S. 166.
29 Friedrich Rittelmeyer, »Meine Lebensbegegnung mit Rudolf Steiner«, Urachhaus Verlag 2015.
30 Siehe hierzu u. a. Henk van Oort, »Anthroposophie, eine Einführung«, Verlag Freies Geistesleben 2006, S. 86f.
31 Ebd., S. 91f.
32 Siehe hierzu die wunderschöne Ausgabe von: Rudolf Steiner, »Bilder okkulter Siegel und Säulen, Der Münchner Kongress Pfingsten 1907 und seine Auswirkungen«, Rudolf Steiner-Nach-

lassverwaltung, 3. Auflage 1992. Diese Ausgabe beinhaltet die Bilder der sieben Siegel im DIN A4-Format. Zudem enthält sie die Bilder der sieben Säulen.

33 Rudolf Steiner, »Mein Lebensgang«, a.a.O., S. 373.

34 Ebd., S. 373f.

35 Veltman erklärt: »In der ›Geheimwissenschaft‹ lesen wir, dass nach den zukünftigen Verkörperungen der Erde, die Jupiter und Venus heißen, die letzte oder siebte Inkarnation ›Vulcanus‹ genannt wird. Für diese Phase gibt es keine entsprechende Säule. Wie kommt es also, dass es dennoch insgesamt sieben Säulen sind? In der Tat wird die Erdphase durch zwei Säulen repräsentiert: Mars und Merkur. Der Zustand des Vulcanus ist so vergeistigt, dass hierfür keine ›Übersetzung‹ in eine plastische Form möglich ist.« Siehe W. F. Veltman, a.a.O., S. 150f.

36 Rudolf Steiner, »Die Theosophie des Rosenkreuzers«, Rudolf Steiner Verlag 2016.

37 Rudolf Steiner, »Bilder okkulter Siegel und Säulen, Der Münchner Kongress Pfingsten 1907 und seine Auswirkungen«, Rudolf Steiner-Nachlassverwaltung, 3. Auflage 1992, S. 95.

38 Diese Entdeckung wird in dem Buch »Fama Fraternitatis« beschrieben, das von Johann Valentin Andreae verfasst und erstmals 1614 in Kassel veröffentlicht wurde. Das Buch hinterließ in jenen kriegsgebeutelten Zeiten einen tiefen Eindruck.

39 Rudolf Steiner, »Der irdische und der kosmische Mensch, GA 133«, Rudolf Steiner Verlag, 4. Auflage 1989, S. 163.

40 Siehe vorherige Fußnote. Die Aussage von Rudolf Steiner stammt aus dem Vortrag, den er am 20. Juni 2012 in Berlin hielt.

41 Ebd.

42 Aus der Niederschrift eines Vortrags vom 26. Februar 2010 in Brüssel. Siehe: http://www.vrijgeestesleven.be/diabasis/b23prok1.htm

43 Mani war der Lehrer von Buddha, Zarathustra und Skytianus. Er war es auch, der Christian Rosenkreutz im Jahre 1459 in die Mysterien von Gut und Böse eingeweiht hat. Siehe www.anthrowiki.at unter Mani.

44 Sergej Prokofieff, »Menschen mögen es hören«, Verlag Freies Geistesleben 2023.

45 Johann Valentin Andreae, »Die chymische Hochzeit: Christiani Rosencreutz anno 1459, Berlin 2017. Andreae erhielt diese Erkenntnisse als Durchgabe aus der geistigen Welt.

46 Siehe Rudolf Steiner, »Der irdische und der kosmische Mensch, GA 133«, a.a.O.

47 Rudolf Steiner, »Die christliche Einweihung und die Rosenkreuzerschulung«, Pentagon Verlag 2014, S. 48.

48 Eine Erläuterung des Aufbaus des Menschen findet sich auf Seite xx.

49 Der Brief des Paulus an die Kolosser 1,24 in der Übersetzung von H.A.P.J. Ogilvie, 5. Auflage 1992, vollständig überarbeitet von Elisabeth J.L. Lantsheer.

50 Paulus schrieb seinen Brief kurz nach dem Kreuzestod von Jesus Christus, also kurz nach der Reinigung der feinstofflichen Welt. Es stellt sich daher die Frage, warum so kurz danach ein weiteres Leiden und damit eine weitere Reinigung der feinstofflichen Welt notwendig war. Damals war es auch nicht nötig, doch Paulus war ein unzeitig Geborener (siehe: 1. Brief des Paulus an die Korinther 15,8). Dieser Ausdruck bedeutet, dass er schon zu seiner Zeit die Aufgabe deutlich machen musste, die später die großen Meister und schließlich alle Menschen zu erfüllen haben, nämlich die feinstoffliche Welt gemeinsam mit Christus zu reinigen.

51 Rudolf Steiner, »Das Ereignis der Christus-Erscheinung in der ätherischen Welt«, Rudolf Steiner Verlag 2020.

52 Rudolf Steiner, »Christus und die menschliche Seele«, Pentagon Verlag 2022, 3. Vortrag, S. 53f.

53 Eine Beschreibung des Weges, den der Verstorbene nach seinem Tod geht, finden Sie in meinem Buch »Der Weg ins Jenseits«, Aquamarin Verlag 2014.
54 W. F. Veltman, a.a.O., S. 206.
55 Ita Wegman, »An die Freunde, Aufsätze und Berichte aus den Jahren 1925–27«, Natura Verlag Arlesheim, 2. Auflage, 1968, S. 18.
56 W. F. Veltmann, a.a.O., S. 212.
57 Sergej Prokofieff/Peter Selg, »Die Weihnachtstagung und die Begründung der neuen Mysterien«, Pentagon Verlag 2013, S. 14.
58 Zum Verlauf der Ereignisse im Jahr 1923 siehe Rudolf Steiner, Das Schicksalsjahr 1923 in der Geschichte der Anthroposophischen Gesellschaft, GA 259, Rudolf Steiner Verlag 1991, a.a.O., S. 24.
59 Ebd.
60 Ita Wegman, a.a.O., S. 12.
61 Diese Bemerkung von Marie Steiner entlehne ich Sergej Prokofieff. Siehe: Sergej Prokofieff/Peter Selg, a.a.O., S. 45.
62 Ita Wegman, a.a.O., S. 15.
63 W. F. Veltman, a.a.O., S. 215f. Wer sich näher mit dem Grundsteinspruch beschäftigen möchte, den darf ich auf die beeindruckende Arbeit von Sergej O. Prokofieff hinweisen: »Menschen mögen es hören«, a.a.O.
64 Ita Wegman, a.a.O., S. 13f.
65 Ebd.
66 W. F. Veltman, a.a.O., S. 220.
67 Rudolf Steiner, »Die Apokalypse des Johannes«, Verlag Pentagon 2012, und Emil Bock, »Apokalypse: Betrachtungen über die Offenbarung des Johannes«, Urachhaus 1997.
68 Offenbarung des Johannes 1,13–15, in der Übersetzung von H. A. P. J Ogilvie, Verlag Christofoor.
69 Offenbarung des Johannes 1,17.

70 Offenbarung des Johannes 1,19.

71 Die drei neuen Fähigkeiten sind: Imagination, Intuition und Inspiration.

72 Emil Bock, »Apokalypse: Betrachtungen über die Offenbarung des Johannes«, a.a.O.

73 Ebd.

74 Ebd.

75 Apostelgeschichte 9,3–7.

76 1. Korinther 15,8.

77 Rudolf Steiner, »Das esoterische Christentum und die geistige Führung der Menschheit«, Verlag Freies Geistesleben 1999, S. 155.

78 Hans Stolp, »Jesus Christus«, Aquamarin Verlag, 2021. Immer mehr Menschen haben ein solches Damaskus-Erlebnis, sprechen jedoch nicht darüber, weil die Menschen in ihrem Umfeld nicht daran glauben wollen oder es als Fantasterei abtun. Und das, obwohl es sich hierbei um das bedeutendste Ereignis unserer Zeit handelt: die Wiederkunft Christi (wie dieses Ereignis durch alle Jahrhunderte hindurch genannt wurde) bzw. das Erscheinen des ätherischen Christus (wie Rudolf Steiner dieses Ereignis beschreibt).

79 Loek Dullaart, »Johannes, De Doper en de Evangelist«, Verlag Nearchus 2006.

80 Kains Vater war ein geistiges Wesen, ein Eloha bzw. einer der Elohim, also ein höheres Engelswesen.

81 Siehe 1. Könige 7,13f. Dort erfährt man, dass Hirams Vater ein Kupferschmied gewesen war.

82 Loek Dullaart, a.a.O., S. 149.

83 Ders., a.a.O., S. 75 und 127ff.

84 Rudolf Steiner, »Esoterische Betrachtungen karmischer Zusammenhänge, Band 5«, Verlag Freies Geistesleben, 6. Auflage 1991, S. 163.

85 Emil Bock, »Cäsaren und Apostel«, Urachhaus, o. J.

86 Beim Konsum von Drogen können sich auch dunkle Geistwesen mit der Seele des Drogenkonsumenten verbinden. Und zwar dann, wenn dieser sich durch den Einfluss der Drogen von seinem physischen Leib gelöst hat.

87 Rudolf Steiner, »Esoterische Betrachtungen karmischer Zusammenhänge, Band IV«, a.a.O., S. 162.

88 Jacob Slavenbug, »Thomas en zijn evangelie«, Verlag Ankh-Hermes 1996, Logion 22.

89 Die Geschichte vom Paradies, die wir am Anfang des 1. Buches Mose in der Bibel finden, spielt in Lemuria, dem dritten großen der sieben Zeitalter, die wir auf der Erde durchlaufen haben und noch durchlaufen werden. Wir leben jetzt im fünften Zeitalter, dem postatlantischen Zeitalter. Ihm gingen nacheinander die polarische Zeit, das hyperboräische Zeitalter, Lemuria und Atlantis voraus.

90 In unseren Übersetzungen heißt es, dass die Frau aus einer Rippe des Mannes geschaffen wurde. Das hebräische Wort für Rippe hat aber auch die Bedeutung von »Hälfte« oder »Seite«. Siehe auch Emil Bock, »Beiträge zur Geistesgeschichte der Menschheit/Moses und sein Zeitalter«, Verlag Kamerling 2006.

91 Kains Vater war ein geistiges Wesen, ein Eloha bzw. einer der Elohim, also ein höheres Engelswesen. Der Vater von Abel war Adam.

92 Als Jesus Christus am Kreuz starb, wurde der Christus geboren. Er hatte sich drei Jahre zuvor in den Menschen Jesus inkarniert und war während dieser drei Jahre von einer göttlichen Kraft in eine irdische Kraft verwandelt worden. Daher konnte der Christus nun als irdische Kraft geboren werden und auf der Erde zu wirken beginnen.

93 Emil Bock, »Cäsaren und Apostel«, a.a.O.

94 Johann Wolfgang von Goethe, »Das Märchen von der grünen Schlange und der schönen Lilie«, Verlag Freies Geistesleben 1976. Dieses Büchlein enthält auch zwei Betrachtungen von Rudolf Steiner zu diesem Märchen.
95 Rudolf Steiner, »Esoterische Betrachtungen karmischer Zusammenhänge«, Bd. 4, Rudolf Steiner Verlag 1991, S. 174f.
96 Matthäus 17,10–13.
97 Sergej O. Prokofieff, »Zwei Johannes-Gestalten an der Zeitenwende«, Verlag Am Goetheanum, Dornach 2017.

Der kosmische Lebensplan

Es ist eine uralte spirituelle Überlieferung, dass eine Menschenseele, bevor sie auf der Erde inkarniert, in der Geistigen Welt mit ihren lichten Helfern ihren „Lebensplan" bespricht. Diesen prägt sie sich dann in ihren innersten Wesenskern ein, um ihn in der kommenden Inkarnation zu verwirklichen.
Hans Stolp greift dieses alte Wissen auf und macht es für die Menschen der Gegenwart neu zugänglich. Wer in seinem Inneren lauschen und seine wahrhafte Bestimmung erkennen kann, der wird im Einklang mit den großen Gesetzen des Lebens seinen Alltag meistern. Er wird auch die Sinnhaftigkeit bestimmter Prüfungen verstehen und vertrauensvoll sein Weg fortsetzen.
Ein wundervoll ermutigendes Buch, das hilft, die Herausforderungen des Lebens zu meistern und stets den Sinn in allen Geschehnissen zu erschauen!
978-3-89427-788-8

Jesus Christus

Für Hans Stolp steht die Person von Jesus, dem Christus, im Mittelpunkt seines Lebens und Schreibens. In seinen zahlreichen Büchern, die sich mit den Mysterien des Christentums befassen, greift er immer wieder auf Auszüge aus den Werken Rudolf Steiners zurück, der für ihn zu den maßgeblichen Wegbereitern eines neuen Geistchristentums zählt. Steiners Einsichten in eine mystisch-rosenkreuzerische Tradition bilden für Hans Stolp die Grundlage für ein „esoterisches Christentum", das nach seiner Überzeugung das Christentum der Zukunft sein wird.
Eine außergewöhnliche Studie über jene verborgenen Seiten christlicher Mystik, die allmählich, aber unaufhaltsam ans Licht drängen.
978-3-89427-901-1

Hans Stolp

Die ersten drei Tage im Jenseits
Was die Seele unmittelbar nach dem Ablegen des Körpers durchlebt
Als Pfarrer und Sterbebegleiter hat der Autor an unzähligen Sterbebetten gesessen und den Menschen bei ihrem Übergang in eine höhere Welt geholfen. Zum ersten Mal schildert er in diesem Werk seine tiefsten Eindrücke über das Geschehen in den heiligen Momente des Freiwerdens von aller Erdenschwere. Ein einzigartiger „Reisebegleiter" für jene, die abreisen, und für diejenigen, die zurückbleiben müssen!
978-3-89427-657-7

Die Sterbestunde
Bewusstes Abschiednehmen
Die „Sterbestunde" ist eine heilige Stunde, die es achtsam und behutsam zu verbringen gilt. Es gibt Unerledigtes aufzuarbeiten, Streit zu beenden oder Verzeihung zu gewähren. Hans Stolp beschreibt in allen Einzelheiten, wie diese Prozesse so heilsam und harmonisch wie möglich verlaufen können.
978-3-89427-933-2

Rudolf Steiner
Hans Stolp hat in seinen zahlreichen Büchern, vor allem in jenen, die sich mit dem Sterben und dem Übergang in eine höhere Welt befassen, immer wieder Auszüge aus den Werken Rudolf Steiners zitiert, um seine persönlichen Erkenntnisse in den Rahmen des von Steiner aufgezeigten Weltbildes einzugliedern. Für Stolp zählt Steiner zu den maßgeblichen Wegbereitern eines neuen Geistchristentums.
Um diese Überzeugung zu verdeutlichen, greift Hans Stolp sowohl biographische Details als auch Werkauszüge Steiners auf. So kann er glaubwürdig belegen, in welcher Weise Steiners Einsichten zu einem mystisch-rosenkreuzerischen Christentum führen, das nach seiner Überzeugung das Christentum der Zukunft sein wird.
978-3-89427-885-4